Lothar Größl · Betriebliche Finanzwirtschaft

Die Betriebswirtschaft – Studium + Praxis

Band 13

Betriebliche Finanzwirtschaft

Sicherung des Unternehmensbestandes
als Aufgabe der Finanzwirtschaft

Autor:
Prof. Dr. rer. pol. Lothar Größl

Mit 86 Wiederholungsfragen

3., geänderte und aktualisierte Auflage

expert verlag Ehningen
Taylorix Fachverlag Stuttgart

Die Deutsche Bibliothek – CIP-Einheitsaufnahme

Grössl, Lothar:
Betriebliche Finanzwirtschaft : mit 86 Wiederho-
lungsfragen / Autor: Lothar Grössl. – 3., geänderte
und aktualisierte Aufl. – Renningen-Malmsheim : ex-
pert-Verl., 1994
   (Die Betriebswirtschaft – Studium + Praxis ;
   Bd. 13)
   ISBN 3-8169-1125-0
NE: GT

3., geänderte und aktualisierte Auflage 1994
2., aktualisierte Auflage 1988
1. Auflage 1978

ISBN 3-8169-1125-0

Bei der Erstellung des Buches wurde mit großer Sorgfalt vorgegangen; trotzdem können Fehler
nicht vollständig ausgeschlossen werden. Verlag und Autor können für fehlerhafte Angaben und
deren Folgen weder eine juristische Verantwortung noch irgendeine Haftung übernehmen.
Für Verbesserungsvorschläge und Hinweise auf Fehler sind Verlag und Autor dankbar.

Vorwort

Der vorliegende Band „Betriebliche Finanzwirtschaft" richtet sich an Dozenten und Studenten der Fachhochschulen, Fachakademien und Wirtschaftsfachschulen ebenso wie an die Praktiker in der Wirtschaft.

Im Vordergrund stand dabei die Prämisse, einen Beitrag zum Verständnis theoretischer wie praktischer finanzwirtschaftlicher Probleme zu leisten, wobei besonderer Wert auf die Vermittlung gesicherter wissenschaftlicher Erkenntnisse gelegt wurde.

Zwischen Finanzierung und Investition besteht eine Interdependenz. Der gleiche betriebswirtschaftliche Vorgang kann — je nach Standpunkt des Betrachters — sowohl Finanzierung als auch Investition sein. In diesem Buch werden schwerpunktmäßig die Finanzierungsfragen herausgegriffen und dargestellt. Den Bereich der Investitionen klammere ich bewußt aus. Er wird im Themenband 15 dieser Reihe „Betriebliche Investitionswirtschaft" von meinem Kollegen Müller-Hedrich ausführlich behandelt.

München, im September 1993   Lothar Größl

Inhaltsverzeichnis

Teil A:
Grundlagen der betrieblichen Finanzwirtschaft

1 Begriffliche Grundlagen

1.1 Finanzwirtschaft

Gegenstand der betrieblichen Finanzwirtschaft sind alle Geld- bzw. Zahlungs-mittelvorgänge in einer Betriebswirtschaft. Sie umfaßt *Beschaffungsströme (Einzahlungsströme)* ebenso wie die *Auszahlungsströme,* die durch *Kapitalverwendung* (Investition) oder Kapitaltilgung gekennzeichnet sind.

Finanzwirtschaft ist ein betrieblicher Entscheidungsbereich wie Beschaffung, Produktion und Absatz. Als Denkbereich ist er eine Abstraktion, welche alle Entscheidungstatbestände umfaßt, die einen geldlichen Aspekt aufweisen.

Wenn wir eine institutionelle Abgrenzung vornehmen, dann gehören alle Instanzen und Stellen zur *Finanzwirtschaft,* die sich mit *Planung, Disposition* und *Verwaltung von Zahlungsmittelbeständen* im weitesten Sinne befassen:

Zum Beispiel
— Verwalten von Geld und Geldsurrogaten (Kasse, Guthaben, Schecks, Wechsel),
— Durchführen des Zahlungsverkehrs,
— Vorbereiten und Vollzug von Eigenkapitalerhöhungen,
— Vorbereiten und Vollzug von Kreditaufnahme und Kreditrückzahlung,
— Vorbereiten und Vollzug von Investitionen im Finanzvermögen (Beteiligen, aktiver Kredit),
— Finanzplanung,
— Finanzkontrolle.

1.2 Kapital

a)   In der Volkswirtschaftslehre
Hier versteht man unter Kapital alle an der Erzeugung beteiligten Produktions-

mittel wie Werkzeuge, Maschinen, Anlagen. *Kapital* ist neben Boden und Arbeit der dritte *Produktionsfaktor.*

b) In der Betriebswirtschaftslehre
Das Kapital wird auf zweierlei Weise definiert:
— als abstrakte Wertsumme aller Vermögensteile, d.h. alles was auf der Passivseite der Bilanz steht (ohne Wertberichtigungen)
— als Geld für betriebliche Zwecke.

Die gegenwärtige Betriebswirtschaftslehre bevorzugt die zweite Fassung: *Kapital ist Geld für betriebliche Zwecke.* Der andere Begriffsinhalt ist zu eng, weil die Bilanz keinen umfassenden Überblick über die vergangenen und künftigen Zahlungsströme bietet, diese auch nicht terminieren kann und die Veränderungen nicht berücksichtigt, welche bei den Zahlungsströmen ohne reine Vermögensumschichtungen hervorgerufen werden.

Wird das Kapital von den Eigentümern zu Zwecken der Beteiligung zur Verfügung gestellt, so sprechen wir von *Eigenkapital.* Erhält die Betriebswirtschaft von Dritten Kredite, die zu verzinsen und zu tilgen sind, dann handelt es sich um *Fremdkapital.*

1.3 Finanzierung

Seit den Anfängen der betriebswirtschaftlichen Finanzierungslehre — um die Jahrhundertwende — hat sich der Begriffsinhalt „Finanzierung" ständig gewandelt. Diese Entwicklung hatte etwa sechs Stufen:
1. Der Finanzierungbegriff umfaßte nur die Kapitalbeschaffung auf der Basis der Effekten;
2. Der Finanzierungsbegriff wird auf die langristige Kapitalbeschaffung eingeengt;
3. Unter Finanzierung wird nur die Kapitalbeschaffung für Anlagezwecke verstanden;
4. Als Finanzierung wird neben der langfristigen auch die kurzfristige, jedoch ausschließlich die aus dem Rahmen der gewöhnlichen Betriebsfähigkeit herausfallende Kapitalbeschaffung bezeichnet;
5. Der Finanzierungsbegriff umschließt ohne Einschränkungen die ganze Kapitalbeschaffung.
6. Der Finanzierungsbegriff erfaßt sämtliche Dispositionen der Zahlungsströme, die mit dem Betriebsprozeß zusammenhängen.

Die einzelnen Definitionen unterscheiden sich dadurch, daß sie den Begriffsinhalt mehr oder wengier weit fassen. Insgesamt läßt sich aber eine kontinuierliche Erweiterung des Finanzierungsbegriffs feststellen.

Heute stehen sich im wesentlichen zwei Gruppen von Auffassungen gegenüber:

a) Die bilanzorientierten (klassischen) Finanzierungsbegriffe verstehen unter Finanzierung:
- Die Ausstattung einer Betriebswirtschaft mit Kapital (Kapitalbeschaffung) bzw.
- alle Maßnahmen, welche die Kapitalausstattung einer Betriebswirtschaft regulieren (Beschaffung, Kapitalrückzahlung, Umfinanzierung) bzw.
- alle Kapitaldispositionen und Kapitaloperationen (also auch Fusionen, Sanierungen, Liquidationen, Leasing, Factoring, Kapitalverwendung).

b) Die entscheidungsorientierten Finanzierungsbegriffe beziehen sich auf die Steuerung der Zahlungsströme, wobei keine Übereinstimmung darüber besteht, ob sämtliche Zahlungsströme oder nur die Beschaffungsströme den Untersuchungsgegenstand bilden. Aus entscheidungsorientierter Sicht ergeben sich dann Finanzierungsmöglichkeiten, wenn die Einzahlungen früher erfolgen als die Auszahlungen, bzw. wenn die Einzahlungen größer sind als die Auszahlungen. Unerheblich ist es dabei, wie diese Erhöhung der Liquidität zustande kam.

2. Leistungswirtschaftlicher und finanzwirtschaftlicher Bereich

2.1 Der betriebliche Güter- und Geldkreislauf

Zur Erreichung ihrer Ziele muß ein Unternehmen Güter, die Produktionsfaktoren darstellen, beschaffen, die sie in irgend einer Weise be- oder verarbeitet. Die im Kombinationsprozeß erstellten Leistungen werden auf dem Absatzmarkt angeboten. Dieser Teil der Erstellung und Verwertung betrieblicher Leistungen umfaßt, nur *güterwirtschaftliche Vorgänge.* Güterströme fließen — von Lagerprozessen unterbrochen — vom Zulieferer über die Beschaffungs-, Produktions- und die Absatzsphäre bis zum Konsumenten und ggf. wieder zum Zulieferer.

Diesen Güterbewegungen stehen *Zahlungsströme* gegenüber. Beschaffung von Produktionsfaktoren, Produktion und Absatz sind nur dann möglich, wenn Zahlungsmittel ausgegeben und eingenommen werden.

Der Fluß dieser Ströme verbindet den Betrieb mehrfach mit seiner Umwelt (siehe Abb. 1).

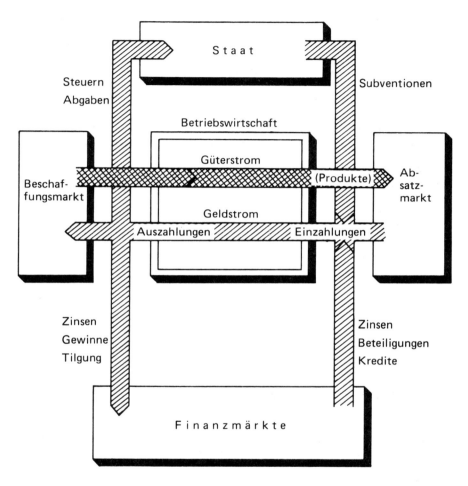

Abb. 1: Der Güter- und Geldkreislauf einer Unternehmung

Ausgaben und Einnahmen verbinden beide Bereiche. Die Funktionen Beschaffung, Produktion und Absatz werden von der Finanzwirtschaft überlagert (siehe Abb. 2).

4

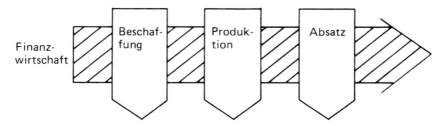

Abb. 2: Der Matrixcharakter der Finanzwirtschaft

Bei den Zahlungsströmen unterscheiden wir die, welche zu Ausgaben und die, welche zu Einnahmen führen (siehe Abb. 3).

Der Prozeß der betrieblichen Leistungserstellung ist eine ständige Umwandlung von Geld in Gütern (Ausgaben werden zu Aufwand bzw. Kosten). Wenn die Leistungen an die Abnehmer abgegeben werden, erzielt die Betriebswirtschaft Einnahmen. Die Güter werden wieder zu Geld, das in den Betrieb zurückfließt und erneut eingesetzt werden kann.

Reichen die Einnahmen zu einem bestimmten Zeitpunkt nicht aus, um die Ausgaben zu decken, dann müssen zusätzliche Einnahmen beschafft werden: z.B. Kredite, Beteiligungen usw.. Diese Einnahmen führen zu einem späteren Zeitpunkt wieder zu Ausgaben: z.B. Tilgung, Zinszahlung, Gewinnausschüttung.

Die betriebliche Finanzwirtschaft wird durch die entstehenden Zahlungsfälligkeiten angesprochen (Einnahmen werden bei Fälligkeit zu Einzahlungen und Ausgaben zu Auszahlungen).

Der finanzwirtschaftliche Bereich einer Betriebswirtschaft ist damit durch folgende Tatbestände gekennzeichnet:
— Kapitalbindung
— Ein- und Auszahlungsströme
— Differenzen zwischen beiden Strömen (Geldbestände bzw. Kreditaufnahme).

2.2 Leistungs- und finanzwirtschaftliches Denken

Das leistungswirtschaftliche Denken ist auf konkrete Güter ausgerichtet. Im Beschaffungs- und im Produktionsbereich wird es im Streben nach Kostenmini-

5

Ausgabenrelevante Zahlungsströme		Einnahmenrelevante Zahlungsströme	
Kapitalbindende Ströme	Kapitalentziehende Ströme	Kapitalfreisetzende Ströme	Kapitalzuführende Ströme
1. Ausgaben für Beschaffung von Produktionsfaktoren und Fremdkapitalzinsen. 2. Ausgaben für aktive Finanzierung. 3. Ausgaben für gewinnabhängige Steuern.	1. Ausgaben für Eigenkapitalentnahme. 2. Ausgaben für Fremdkapitaltilgung. 3. Ausgaben für gewinnabhängige Steuern. 4. Ausgaben für Gewinnausschüttung.	1. Einnahmen aus der marktlichen Verwertung von Leistungen einschließlich der Zinsen für Kapitalüberlassungen. 2. Einnahmen aus Rückzahlungen im Rahmen aktiver Finanzierung. 3. Einnahmen aus der marktlichen Verwertung nicht verzehrter Produktionsfaktoren.	1. Einnahmen aus Eigenkapitaleinlagen. 2. Einnahmen aus Fremdkapitalaufnahme.

Abb. 3: Betriebswirtschaftliche Zahlungsströme

mierung bzw. Realisierung der Minimalkostenkombination konkretisiert. Im Absatzbereich ist es das Prinzip der Erlösmaximierung.

Finanzwirtschaftliches Denken hingegen ist kapitalorientiert. Man geht von den leistungswirtschaftlichen Überschüssen aus und bezieht dieses Ergebnis auf das eingesetzte Kapital.

Der Finanzwirt ist bestrebt, die Kapitalkosten zu minimieren. Da diese Kosten durch Kapitalbetrag, Nutzungsdauer und Zinsfuß bestimmt werden, ist *finanzwirtschaftliches Denken das Streben nach niedrigen Kapitalpreisen, minimalen Kapitalmengen und kurzer Bindungsdauer.* Dies kann zu Konflikten mit den leistungswirtschaftlichen Zielen Vorratshaltung, Wachstum und Zielgewährung an Abnehmer führen.

3. Die Bedeutung der Finanzwirtschaft für die Unternehmenspolitik

Nach der Anreiz —Beitragsbetrachtung ist jede Betriebswirtschaft nur solange existenzfähig, wie die empfangenen Beiträge ausreichen, Anreize zu gewähren. Interpretieren wir Anreize und Beiträge als Geldgrößen, dann wird die Zahlungsfähigkeit zu einem Zentralproblem.

Zahlungsunfähigkeit ist nämlich nach § 102 der Konkursordnung ein Konkursgrund. Eine Betriebswirtschaft kann produktiv arbeiten, wettbewerbsfähig sein, mehr Vermögen besitzen als Verbindlichkeiten und sogar Gewinn erzielen. Kann sie aber die Zahlungsverpflichtungen nicht erfüllen, weil aufgrund falscher finanzwirtschaftlicher Entscheidungen Einnahmen und Ausgaben ungenügend aufeinander abgestimmt wurden, dann muß sie, zusammenbrechen. Es ist daher eine Existenzfrage, daß die finanzwirtschaftlichen Probleme befriedigend gelöst werden. Eine Unternehmenspolitik ohne Integration der Finanzpolitik ist daher undenkbar.

4. Das finanzwirtschaftliche Zielsystem

In der betrieblichen Praxis ist es üblich, mehrere Ziele für Funktionenbereiche zusammenzufassen. Je nachdem, in welchem der Funktionenbereiche die Ziele verwirklicht werden, spricht man von Zielen der Beschaffung, der Produktion, des Absatzes, des Personalwesens, der Finanzwirtschaft etc.. Diese Ziele sind Teile des Zielsystems einer Betriebswirtschaft. Finanzwirtschaftliche Ziele müssen sich daher aus diesem Zielsystem ableiten.

4.1 Ausgleich von Kapitalbedarf und Deckung

Das finanzwirtschaftliche Hauptziel ist das Streben nach dem Ausgleich von Kapitalbedarf und Kapitaldeckung. Eine Betriebswirtschaft hat dieses Ziel erreicht, wenn sie den *fälligen Zahlungsverpflichtungen jederzeit und uneingeschränkt nachkommen kann,* d.h. wenn das erforderliche Kapital rechtzeitig und in der erforderlichen Menge zur Verfügung steht. Die laufenden Einnahmen müssen daher mindestens ebenso hoch sein wie die laufenden Ausgaben bzw. eine auftretende Zahlungslücke muß durch einen Bestand an Zahlungsmitteln gedeckt sein.

Die Abhängigkeit vom betrieblichen Zielsystem verpflichtet auch im Bereich der Finanzwirtschaft zum Gewinnstreben, das hier seine besondere Ausprägung im Rentabilitätsdenken hat. Begleitet wird dieses Streben von den Zielen, stets zahlungsbereit zu sein, das Kapital zu erhalten und die Entscheidungen weitgehend unabhängig treffen zu können.

Das Streben nach Ausgleich von Kapitalbedarf und Deckung, nach Rentabilität, Sicherheit, Liquidität und Unabhängigkeit lassen sich nicht immer gleichzeitig verwirklichen.

In der Praxis wird es darauf ankommen, Prioritäten zu setzen. Welche Ziele Vorrang haben, hängt — abgesehen vom Hauptziel des Ausgleichs von Kapitalbedarf und Deckung — von der jeweiligen Situation der Betriebswirtschaft und von Aspekten der Willensbildung ab. Dort, wo man keine klaren Rangordnungen schaffen kann, müssen Kompromisse d.h. befriedigende Lösugnen an ihre Stelle treten, damit die Ziele erreicht werden können.

Bei den finanzwirtschaftlichen Entscheidungen wird die Betriebswirtschaft ihrerseits versuchen, ihr Zielsystem auf die Bedingungen (Konditionen) zu übertragen, die an die Überlassung des benötigten Kapitals gebunden sind.

Abb. 4 zeigt dieses System.

8

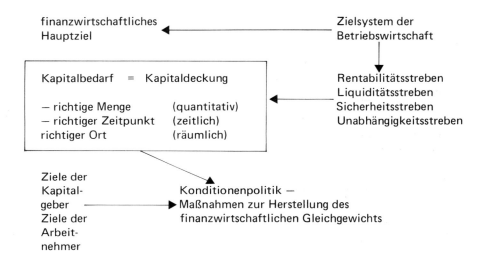

Abb. 4: Finanzwirtschaftliches Zielsystem

4.2 Rentabilitätsstreben

Im Gegensatz zum absoluten Gewinnstreben (Gewinnmaximierung) ist die *Rentabilität* als Erfolgsrelation der *Gewinn pro Einheit des investierten Kapitals*

$$R = \frac{\text{Gewinn} \times 100}{\text{investiertes Kapital}} \quad [\%]$$

Rentabilität ist kein besonders auf die Finanzwirtschaft zugeschnittenes Ziel, sondern wird auch in anderen Funktionsbereichen beachtet.

Rentabilitätsstreben heißt in der Praxis: den Kapitalbedarf möglichst kostengünstig zu decken, d.h. die Kosten des Eigen- und des Fremdkapitals möglichst niedrig zu halten.

Kosten des Fremdkapitals sind der Kapitalzins und alle sonstigen Belastungen, die einmalig oder laufend bei einer Kreditgewährung anfallen, z.B. Disagio, Provisionen, Bereitstellungsgebühren etc. .

Kosten des Eigenkapitals sind alle Zahlungen, die im Zusammenhang mit dem zur Verfügung gestellten Eigenkapital zu Lasten des Gewinns zu leisten sind.

Neben den einmaligen Kosten (z.B. Profisionen und Gebühren bei der Kapitalbeschaffung), den laufenden Aktionen der Marktpflege (Kurspflege), den zu bezahlenden Ertragssteuern sind hier die Gewinnausschüttungen an die Kapitaleigner zu berücksichtigen.

Der Erkenntniswert der Rentabilitätskennzahlen wird wesentlich verbessert, wenn man diese Größe präzisiert.

Errechnet man die *Rentabilität des Gesamtkapitals,* dann bezieht man den Gewinn vor Abzug der Kosten für das Fremdkapital auf das Gesamtkapital

$$R_{GK} = \frac{\text{Gewinn vor Zinsen} \times 100}{\text{Gesamtkapital}} \quad (\%)$$

Stehen keine internen Daten zur Verfügung, dann muß man den Gewinn durch Rückrechnung ermitteln, d.h.

$$R_{GK} = \frac{(\text{Bilanzgewinn} + \text{FK Zinsen}) \times 100}{\text{Gesamtkapital (EK + FK)}} \quad (\%)$$

Andere Perspektiven ergeben sich, wenn man anstelle der Rentabilität des Gesamtkapitals die *Rentabilität des Eigenkapitals* betrachtet. Man bezieht den Gewinn nach Zinsen und Steuern auf das Eigenkapital

$$R_{EK} = \frac{(\text{Gewinn nach Zinsen und Steuern}) \times 100}{\text{Eigenkapital}} \quad (\%)$$

Sind Leitung der Betriebswirtschaft und Eigenkapitalgeber identisch, dann ist die Erhöhung der Eigenkapitalrentabilität eine realistische Zielsetzung. Man wird die Eigenkapitalrentabilität dadurch erhöhen, daß der relative Anteil des Fremdkapitals am Gesamtkapital solange vergrößert wird, wie die Kosten des Fremdkapitals unter der Rentabilität des Eigenkapitals liegen. Bei diesem Vorgang, der als *„Leverage Effekt"* bezeichnet wird, beeinflußt man die Rentabilität nicht über den Gewinn, sondern über die Kapital- bzw. Finanzierungsstruktur.

Beispiel für den Leverage — Effekt

Rentabilität des Gesamtkapitals 12 %
Zinsen für Fremdkapital 8 %

Strukturen

	I	II	III
Eigenkapital	700	300	200
Fremdkapital	200	600	700
Gesamtkapital	900	900	900
Gewinn d. Gesamtkapitals	108	108	108
— Zinsen f. Fremdkapital	16	48	56
Gewinn nach Zinsen	92	60	52
Rentabilität des Eigenkapitals	13 %	20 %	26 %

(Gewinn nach Zinsen für Fremdkapital im Verhältnis zum Eigenkapital).

Diese Entwicklung ist problematisch. Wenn sich die Gesamtkapitalrentabilität erhöht, die Fremdkapitalzinsen aber stärker ansteigen als die Rentabilität, dann wird die Leverage-Wirkung negativ und führt zu Verlusten bzw. zur Aufzehrung des Eigenkapitals.

Selbst bei positivem Verlauf wird durch die Aufnahme von mehr Fremdkapital die Haftungsbasis geringer. Damit schwindet die Kreditwürdigkeit und die weitere Fremdfinanzierung wird schwieriger. Mehr Fremdkapital bedeutet eine stärkere Liquiditätsbelastung und ein größeres Risiko, daß dieses Kapital wieder gekündigt wird (Nichtprolongationsrisiko).

Die Komponenten der Rentabilität

Die Rentabilität können wir in die Komponenten *Gewinnspanne* und *Kapitalumschlag* zerlegen.

Eine Verbesserung der Rentabilität kann man daher durch eine Erhöhung der Gewinnspanne und/oder des Kapitalumschlags erzielen. Ein Anwachsen der Gewinnspanne um 5 % hat daher dieselbe Wirkung wie eine entsprechende Erhöhung des Kapitalumschlages. Gegensätzliche Entwicklungen beider Größen heben sich auf.

Eine hohe Gewinnspanne ist bei geringer Kapitalumschlagshäufigkeit notwendig, um die Rentabilität zu sichern. Ein hoher Kapitalumschlag garantiert auch bei geringerer Gewinnspanne eine ausreichende Rentabilität.

Der Kapitalumschlag selbst besteht aus einer Reihe von Teilvermögensumschlägen wie:

— Debitorenumschlag
— Kreditorenumschlag
— Lagerumschlag
— Umschlag an Roh-, Hilfs- und Betriebsstoffen.

Ansatzpunkte zur Erhöhung des Kapitalumschlages liegen daher in der Optimierung der Teilbereiche (siehe Abb. 5).

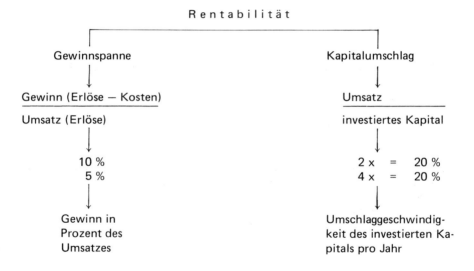

Abb. 5: Die Komponenten der Rentabilität

4.3 Sicherheitsstreben

Nach Sicherheit streben heißt, das Risiko vermindern. Einmal ist die Gefahr von Verlusten weitgehend auszuschließen (Kapitalerhaltung), zum anderen soll im Falle eines Verlustes möglichst wenig Eigenkapital aufgezehrt werden (Kapitalhaftung).

Ursachen des Risikos sind unsichere Erwartungen hinsichtlich Höhe und Zeitpunkt künftiger Einnahmen und Ausgaben.

Bei den Einnahmen können dies fehlerhafte Umsatzvorhersagen und Debitorenprognosen (z.b. Änderung der Zahlungsgewohnheiten) sowie eine Fehleinschätzung der Kreditbeschaffungsmöglichkeiten sein. Auf der Ausgabenseite bilden Abweichungen gegenüber den Planwerten insbesondere bei den Löhnen und Gehältern, den Materialpreisen, aber auch bei den Kreditbedingungen (z.b. vorzeitige Kündigungen, keine Verlängerung abgelaufener Kredite, Änderungen der Zinskonditionen) und der unerwartete Entzug von Eigenkapital, die hauptsächlichsten Risikoquellen.

Ein weiterer Risikobereich ist der *Mitbestimmungsanspruch* der *Kapitalgeber,* mit Hilfe dessen er seine Risiken zu vermindern sucht.

Er muß einberechnen, daß
— der Kredit nicht oder nur teilweise zurückgeführt wird (*Insolvenzrisiko*).
— der Kredit nicht zum vereinbarten Zeitpunkt zurückgezahlt wird (*Liquiditätsrisiko*),
— Kreditsicherheiten untergehen oder an Wert verlieren (*Sicherungsrisiko*),
— das allgemeine Zinsniveau über den vereinbarten Kreditzins steigt (*Zinsänderungsrisiko*),
— der Geldwert sich verschlechtert (*Inflationsrisiko*).

Diesen Risiken wirkt man in der Praxis durch eine entsprechende Risikopolitik entgegen; zum Beispiel:

— durch ein verbessertes Informationssystem werden die Planungswerte gesichert;
— Kreditwürdigkeitsprüfungen, Kreditsicherheiten und Kreditkontrollen können dem Risiko vorbeugen;
— Forderungsverkauf und Versicherungen ermöglichen die Risikoübertragung auf Dritte (Risikoabwälzung);
— Reservenbildung (z.b. Rücklagen, Sammelwertberichtigungen);
— Verteilung des Risikos in sachlicher, örtlicher, zeitlicher und persönlicher Hinsicht (Risikostreuung);
— Zinsanpassungsklausel, Zinsgleitklausel;
— hoher Eigenkapitalanteil, denn je geringer der relative Anteil des Haftungskapitals ist, desto größer wird die Gefahr der Aufzehrung durch Verluste;
— Beziehungspflege zu den Kapitalgebern beugt einer unvorhersehbaren Änderung der Kreditbedingungen vor.

4.4 Liquiditätsstreben

a) Begriff

Unter der *absoluten Liquidität* versteht man die Nähe eines Gutes zum Geld (near to the money). Diese Nähe zum Geldstadium kann auf natürliche Weise durch Ausreifung, d.h. bei planmäßigem Betriebsgeschehen von der Beschaffung bis zum Ende des Umsatzprozesses erreicht werden (*natürliche Liquidität*), oder durch Verkauf eines Gutes in seinem augenblicklichen Zustand vorzeitig herbeigeführt werden (*künstliche Liquidität, bzw. Liquidation*).

Die *relative Liquidität* ist die Fähigkeit einer Betriebswirtschaft

— zu einem Zeitpunkt (*statische Liquidität*), bzw.
— in einem Zeitraum (*dynamische Liquidität*)

die zwingend fälligen Zahlungsverpflichtungen uneingeschränkt erfüllen zu können. (siehe Abb. 6).

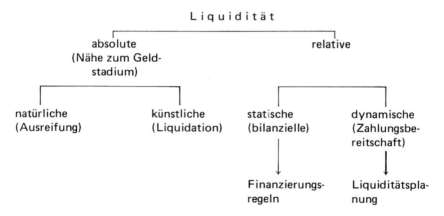

Abb. 6: Die Arten der Liquidität

Die verfügbare Zahlungskraft und die zwingend fälligen Zahlungsverpflichtungen bestimmen die (relative) dynamische Liquidität.

Zahlungskraft ist die Summe aller sofort verfügbaren Zahlungsmittel. Hierzu zählen: der Barbestand, die Sichtguthaben, die Zahlungsmittelsurrogate und die uneingeschränkt disponierbaren Kredite.

14

Zwingend fällige Zahlungsverpflichtungen sind solche Zahlungen, die aus gesetzlichen, vertraglichen und wirtschaftlichen Gründen unumgänglich sind. Sie werden durch einen Termin — letztmöglicher Zeitpunkt der Erfüllung — eindeutig bestimmt. Spätestens zu diesem Zeitpunkt muß es möglich sein, die Ausgaben zu tätigen.

Die *Zahlungsfähigkeit* wird durch die Zahlungskraft und die Zahlungsverpflichtungen bestimmt, d.h. eine Betriebswirtschaft ist selbst dann liquide, wenn sie zu einem bestimmten Zeitpunkt keine Zahlungsmittel besitzt aber auch keine Ausgaben zu leisten hat. Ist die Zahlungskraft an einem Stichtag größer als die zum gleichen Zeitpunkt fälligen Zahlungsverpflichtungen, dann verfügt die Betriebswirtschaft über eine *Zahlungskraftreserve* (Überschuß an Zahlungskraft). Diese wird durch künftige Ausgaben vermindert. Alle künftigen Geldbewegungen wirken sich unmittelbar auf die Liquidität aus.

Liquidität als Entscheidungsziel verlangt daher, die Unternehmenspolitik so zu beeinflussen, daß für jeden künftigen Zeitpunkt die jeweilige Zahlungskraft zuzüglich der Einnahmen gleich oder größer ist, als die zu leistenden Ausgaben.

b) Liquiditätsmessung

Die Zahlungsfähigkeit mißt man dadurch, daß Zahlungskraft und Zahlungsverpflichtung tageweise einander gegenüber gestellt werden.

Dies gilt für einen bestimmten Stichtag ebenso wie für eine gesamte Periode. Auch die künftige Liquidität sollte im Prinzip tagesgenau geplant werden. In der Praxis werden die Einnahmen und Ausgaben einer Woche bzw. eines Monats kumuliert und einander gegenübergestellt.

Eine tagesgenaue Gegenüberstellung ist meist nicht möglich, dem sind durch eine entsprechend bemessene *Liquiditätsreserve* entsprochen. Man nimmt bei den als wahrscheinlich angesehenen Einzahlungs- und Auszahlungsströmen einen Risikozuschlag bzw. Risikoabschlag vor. Bei der Bemessung der Höhe dieser Zu- bzw. Abschläge tritt ein Konflikt zwischen dem Rentabilitäts- und dem Liquiditätsbestreben auf. Die Liquiditätsreserven sind aus Rentabilitätsüberlegungen so klein wie möglich zu halten, aus der Sicht der Zahlungsfähigkeit und der Minimierung eines Zahlungsrisikos sollten die Reserven aber ausreichend hoch angesetzt werden.

Liquiditätsstreben verursacht Kosten.
Quantitative Kosten entstehen, wenn

— Barreserven gehalten und

15

− Kredite zur Aufrechterhaltung einer bestimmten Zahlungskraft in Anspruch genommen werden.

Qualitative Liquiditätskosten treten auf, wenn Kapital der Betriebswirtschaft unvorhergesehen entzogen wird.

c) Liquiditätsbilanz

Zur Feststellung der Zahlungskraft kann die Handelsbilanz nach Liquiditätsgesichtspunkten gegliedert werden.

Man ordnet die Aktiva nach dem Grad der Flüssigkeit der Vermögenswerte und die Passiva nach der tatsächlichen Fälligkeit bzw. der Dringlichkeit der Verbindlichkeiten. Ergänzt wird diese Aufstellung durch einen Hinweis auf noch nicht ausgeschöpfte Kreditzusagen (Positionen der Aktivseite) und durch Ausgaben der nächsten Periode, die aus der Bilanz nicht ersichtlich sind (Positionen der Passivseite). Die Liquiditätsbilanz ist aber kein Ersatz für eine sorgfältige Planung. Eine Liquiditätsbilanz zeigt die Abbildung 7.

Aktiva	Gesamt-bestand	innerhalb eines Monats flüssig	innerhalb eines Jahres flüssig	länger als ein Jahr gebunden
Anlagevermögen	500 000	−	50 000	450 000
Umlaufvermögen	1 000 000	120 000	650 000	230 000

Passiva	Gesamt-bestand	innerhalb eines Monats fällig	innerhalb eines Jahres fällig	länger als ein Jahr verfügbar
Eigenkapital	500 000	−	−	500 000
Rückstellungen	200 000	40 000	60 000	100 000
Verbindlichkeiten	800 000	62 000	238 000	500 000

Abb. 7: Liquiditätsbilanz

4.5 Unabhängigkeitsstreben

Wer nach Unabhängigkeit strebt, versucht den Einfluß der Kapitalgeber auf das interne Geschehen möglichst zu unterbinden. Man denkt hierbei zunächst an

Fremdkapitalgeber. Aus der Sicht des angestellten Managements kann ebenso die Unabhängigkeit von den Eigenkapitalgebern angestrebt werden. Jede Kapitalbeschaffung sollte man daher so durchführen, daß die unternehmerische Entscheidungsfreiheit möglichst wenig beeinträchtigt wird.

Die geringste Einbuße ist mit der *Informationspflicht* verbunden, d.h. Dritten ist teils laufend, teils einmalig Rechenschaft zu legen (z.b. Publizität, Kreditwürdigkeitsprüfungen, Information von Stillen Gesellschaftern oder Kommanditisten etc.)

Wesentlich gewichtiger ist die *Entscheidungsbeschränkung* z.B. Verwendungsbeschränkung des aufgenommenen Kredits, Ausschließlichkeitsklausel bei Bankkrediten und Lieferantendarlehen, welche die finanzwirtschaftliche und die leistungswirtschaftliche Souveränität betreffen z.b. durch langfristige Abnahmeverpflichtungen (Bierlieferungsverträge bei Brauereidarlehen an die Gastwirte). Die Mitwirkung der Kapitalgeber beschränkt sich auf Richtlinien.

Die *Mitentscheidung* geht dagegen über das Gebot der Richtlinieneinhaltung hinaus. Sie reicht bis zur Teilnahme des Kapitalgebers an allen Entscheidungen und zur Besetzung von Schlüsselpositionen durch seine Vertrauensleute.

Unabhängig von allen Gesetzen und Vereinbarungen ist der Kapitalnehmer durch *Kündigung,* aber auch durch einen *Verkauf von Anteilen* seitens des Kapitalgebers abhängig. Diese Gefahr wächst mit der relativen Höhe der Anteile am Gesamtkapital. Die beste Gegenmaßnahme ist eine breite Streuung der Kapitalbeschaffung z.B. mehrere Bankverbindungen, mehrere Gesellschaftler, Anteilseigner etc. Es ist natürlich zu prüfen, ob Schwerfälligkeit des Entscheidungsprozesses und höhere Kosten nicht die Nachteile der Abhängigkeit mehr als aufwiegen, sofern solche Altenativen überhaupt bestehen.

Je stärker die Unabhängigkeit ist, desto besser kann sich diese Betriebswirtschaft bei veränderten Situationen anpassen.

Praktisches Beispiel zur Abstimmung von Kapitalbedarf und Deckung:

Jeder Betriebswirtschaft stehen in der Praxis viele Investitionsmöglichkeiten zur Verfügung und es gibt ebenso mehrere Möglichkeiten, die Vorhaben zu finanzieren.

Wie man den Kapitalbedarf praktisch deckt soll am Beispiel eines Bauträgers dargestellt werden, der seine Rentabilität maximieren will.

Ein Baugebiet soll mit 4 Teilmaßnahmen bebaut werden:

1. 10 Einfamilienhäuser, Kapitalbedarf 3,0 Mio. DM, Rentabilität 7 %;
2. 10 Doppelhäuser, Kapitalbedarf 5,0 Mio. DM, Rentabilität 17,0 %;
3. 10 „Dreispänner" (Dreifachreihenhäuser), Kapitalbedarf 6,5 Mio. DM, Rentabilität 12,0 %;
4. 10 Bungalows, Kapitalbedarf 3,0 Mio. DM, Rentabilität 9,5 %.

Die einzelnen Teilmaßnahmen sind in sich nicht mehr teilbar.
Zur Finanzierung stehen folgende Mittel zur Verfügung:

1. 4 Mio. DM zu 6 %;
2. 5 Mio. DM zu 7,5 %;
3. 5,5 Mio. DM zu 9 %;
4. 3 Mio. DM zu 10 %.

Man ordnet zunächst die Investitionsvorhaben nach der jeweiligen Rentabilitätserwartung und die Finanzierungsmöglichkeiten nach den Kosten.
Bei den Projekten ergibt sich die Rangfolge: 2, 3, 4, 1.
Bei der Finanzierung ergibt sich: 1, 2, 3, 4.

Durch Eintrag der Investitionsvorhaben und der Finanzierungsmöglichkeiten in ein Koordinatensystem erhalten wir eine Investitions- und eine Finanzierungskurve (siehe Seite 19).
Wo sich die beiden Kurven schneiden, verursacht eine Ausdehnung des Investitionsvolumens höhere Finanzierungskosten als Investitionserträge erzielt werden.
Die Literatur spricht hier vom „point of rejection", diesseits liegen die vorteilhaften Varianten, jenseits die unvorteilhaften, gesehen vom Kriterium der Finanzierung.
Dort, wo die Finanzierungsmittel enden, obwohl noch weitere Investitionen denkbar wären, ergibt sich die „cut off rate", d. h. der Punkt, der das Investitionsvolumen begrenzt.

Die Maximierung wird dann gewährleistet, wenn man die renditestärkste Kapitalverwendung mit der billigsten Finanzierung realisiert. Dies setzt man solange fort, bis die Grenzkosten der Finanzierung gleich der Grenzrendite der Investition sind (= „point of rejection"). Jede weitere Maßnahme würde die Gesamtrentabilität nicht mehr steigern.
Diese Strategie kann man unter folgenden Voraussetzungen anwenden:

— die Finanzierungsmittel sind nicht an bestimmte Vorhaben gebunden;
— es wird keine Mindesteigenkapitalquote je Vorhaben gefordert;
— die Vorhaben sind voneinander unabhängig;
— es gibt keine sonstigen Beschränkungen.

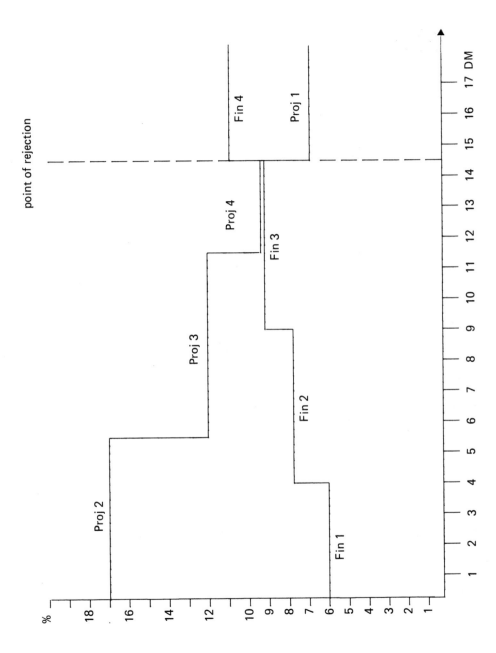

point of rejection

1. *Was versteht man unter Finanzwirtschaft?*

2. *Auf welchen Faktoren beruht die Bedeutung der betrieblichen Finanzwirtschaft?*

3. *Welche Ziele sollen durch die betriebliche Finanzwirtschaft verwirklicht werden?*

4. *Erläutern Sie den Zielkonflikt zwischen Rentabilitäts-, Liquiditäts- und Sicherheitsstreben!*

5. *Wie kann die absolute Liquidität gemessen werden?*

6. *Wonach richtet sich der Liquidationswert eines Gutes?*

7. *Was wissen Sie über den Leverage-Effekt, wo liegen seine Grenzen und Gefahren?*

8. *Wie unterscheiden sich der klassische und der entscheidungsorientierte Finanzierungsbegriff?*

Teil B:
Die Finanzplanung

1. Zielsetzung, Bedeutung und Aufgaben

Unter *Planung* versteht man allgemein, *künftige Abläufe vorherzudenken und zu ordnen*. Die Finanzplanung dient daher der Ordnung künftiger bzw. zu erwartender Zahlungsströme, indem die geplanten Einnahmen und Ausgaben einander gegenübergestellt werden.

Für jeden künftigen Zeitpunkt wird dabei festgestellt, ob die kumulierten Einnahmen die kumulierten Ausgaben übersteigen und ggf. welche Maßnahmen notwendig werden, um während der Planperiode einen Ausgleich herbeizuführen. Eine sinnvolle Finanzplanung muß daher alle Daten der künftigen Zahlungsströme lükkenlos und zeitlich genau erfassen.

Daher fordert man in der Praxis:

(1) Übersichtlichkeit: Zweckmäßig sind ein Hauptplan mit verdichteten Größen sowie Unterpläne, welche die verdichteten Gruppen hinsichtlich Art, Umfang und Fristen (Entziehungszeitpunkt) aufschlüsseln.

(2) *Bruttoprinzip:* Keine Saldierung zwischen Einnahmen und Ausgaben.

(3) Vollständigkeit: Alle künftigen Einnahmen und Ausgaben müssen lückenlos erfaßt werden.

Ziel der Finanzplanung ist es, die für eine Betriebswirtschaft zu festgelegten Zeitpunkten erforderliche Zahlungsfähigkeit sicherzustellen, d.h. den Ausgleich von Kapitalbedarf und Deckung vorzunehmen.

Die Zunkunftsbezogenheit ist eine Frage des Planungshorizontes. Mit zunehmender Reichweite werden die Pläne inhaltlich wie zeitlich immer weniger präzise. Man wird in der betrieblichen Praxis die künftigen Zahlungsbewegungen in Fristengruppen zusammenfassen und sich unter Umständen auf die Veränderung im Niveau von Kapitalbedarf und Deckung beschränken, d.h. man plant nur die Bestandsveränderungen der Vermögensbindung und deren Finanzierung.

Die langfristige Finanzplanung erstreckt sich über mehrere Jahre (Planungshorizont über 5 Jahre). Die Pläne sind relativ grob, die Daten mit größerer Unsicherheit behaftet. Mit der betrieblichen Investitionsplanung besteht ein enger Zusammenhang.

Die mittelfristige Finanzplanung (Planungshorizont 1–5 Jahre) ergänzt die langfristige Planung. Hier werden die aufzunehmenden finanziellel Mittel schon nach Umfang und Zeitpunkt genauer spezifiziert.

Die kurzfristige Finanzplanung ist das Stadium der Feinplanung. Der Zeitraum, für den sie in der Praxis aufgestellt wird, umfaßt einige Monate, im Höchstfall 1 Jahr.

In der kurzfristigen Finanzplanung versucht man bereits, die Einnahmen- und Ausgabenströme tagesgenau aufeinander abzustimmen.

Die kurzfristige Planung ist auch als gleitende 12- Monatsplanung praktikabel, d.h. nach Ablauf eines Monats wird der gleiche Monat des folgenden Jahres in die Planung einbezogen.

Die besondere *Bedeutung der Finanzplanung* ergibt sich aus der engen Verflechtung mit allen betrieblichen Planungsbereichen z.b. Produktionsplanung, Investionsplanung, Absatzplanung.

Bei jeder betrieblichen Planung muß gleichzeitig die damit verbundene finanzielle Auswirkung beurteilt werden. Will man z.B. die Produktionskapazität erweitern, so muß man parallel hierzu an die Beschaffenheit der notwendigen Finanzierung denken.

Es ist allerdings sehr schwierig, die einzelnen Teilpläne aufeinander abzustimmen. Häufig ist dabei die Finanzplanung auch noch der kritische Bereich. Die betriebswirtschaftliche Forschung versucht dieses Problem so zu lösen, daß alle betrieblichen Teilbereiche simultan geplant werden. Dazu wird der gesamte Betriebsprozeß in ein Gleichungssystem gefaßt. Bisher ist es aber noch nicht gelungen, ein Modell zu entwickeln, das ohne weiteres in der Praxis angewendet werden kann.

Unterstrichen wird die Bedeutung der Finanzplanung dadurch, daß sie meistens die betriebliche Gesamtplanung abschließt (siehe Abb. 8).

Hauptaufgaben der Finanzplanung

Finanzwirtschaftliche Planungsmaßnahmen sollen die gegenwärtige und künftige finanzielle Situation rechnerisch erfassen um so die Zahlungsfähigkeit auszuwei-

22

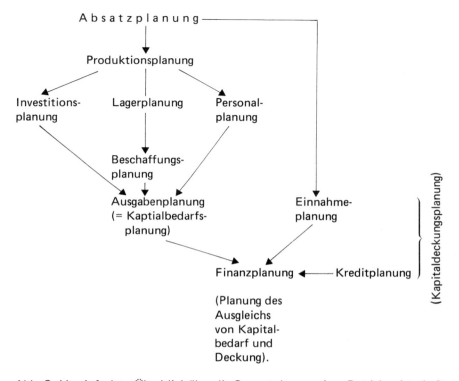

Abb. 8: Vereinfachter Überblick über die Gesamtplanung einer Betriebswirtschaft

sen bzw. eine drohende Zahlungsstockung oder Zahlungsfähigkeit rechtzeitig erkennbar zu machen.

Die Finanzplanung umfaßt daher:
— die Ermittlung des Kapitalbedarfs,
— die Planung der Kapitalbeschaffung,
— den rationellen Einsatz vorhandener Zahlungsmittel.

Der Kapitalbedarf wird durch die benötigten Summen (quantitativ) und durch die erforderlichen Überlassungsfristen (qualitativ) bestimmt, wobei die Kapitalqualität in den Konditionen ausgedrückt wird.

2. Die Ermittlung des Kapitalbedarfs

2.1 Erscheinungsformen des Kapitals in Betriebswirtschaften

Geld wird im Vermögen einer Betriebswirtschaft gebunden. Diese Bindung kann konkret sein, z.b. in Maschinen und Vorräten — man spricht daher auch von konkretem Kapital —, in abstrakten Vorrätigkeiten z.b. Bankguthaben (abstraktes Kapital) und in Bereichen, die sich nicht in Buchhaltung und Bilanz als Bestände ausweisen lassen, z.b. Forschung, Werbung, Ausbildung etc.

Der Kapitalbedarf ist daher der Vermögens- oder auch Investitionsbedarf. Es hat sich nur der betriebswirtschaftlich unpräzise Begriff „Kapitalbedarf" eingebürgert.

Für jede einzelne Betriebswirtschaft ist der Kapitalbedarf unterschiedlich und nur im speziellen Einzelfall feststellbar. Es gibt daher weder Normen noch Re-Regeln. Lediglich Hinweise, wie man diesen am besten berechnet, sind sinnvoll.

Für eine genauere Analyse werden die Ausgaben aufgeteilt in:
— Beträge, die für die *Schaffung der Betriebsbereitschaft* aufzuwenden sind, z.B. Beschaffung des Anlagevermögens, Gründung und Ingangsetzung;
— Beträge, die für die *Durchführung des betrieblichen Leistungsprozesses* erforderlich sind (nach hergestellter Betriebsbereitschaft), z.B. Beschaffung des Umlaufvermögens.

Wir unterscheiden daher für die weitere Darstellung zwischen

— Anlagekapitalbedarf und
— Umlaufkapitalbedarf.

2.2 Der Anlagekapitalbedarf

2.2.1 Bestimmungsfaktoren

Das Kapital für Aufbau und Ingangsetzen einer Betriebswirtschaft ist zur Finanzierung des Anlagevermögens erforderlich und dient darüberhinaus dem Aufbau einer leistungsfähigen Organisation sowie der Finanzierung aller Ausgaben, welche mit der Planung und der Realisierung der Betriebbereitschaft zusammenhängen. Diese meist einmaligen Ausgaben führen zu einer langfristigen Bindung und werden erst nach vielen Jahren über die Umsatzerlöse wiedergewonnen. Das hierfür erforderliche Kapital sollte langfristig zur Verfügung stehen.

Der Bedarf läßt sich nur in Zusammenarbeit mit den Technikern in einem Gründungs- oder Erweiterungsplan ermitteln. Dieser Plan sollte folgende Details aufweisen:

a) das *beabsichtigte Leistungsprogramm*
   Änderungen dieses Programms führen z.b. über eine unterschiedliche Betriebsmittelausstattung zu erheblichen Abweichungen im Kapitalbedarf;
b) die *zeitlich — quantitative Leistungsmöglichkeit,* welche sich aus der Beschaffungs- und Absatzmarktforschung ergibt;
c) die den Leistungsprogrammen entsprechende *Leistungstechnik und Betriebsgröße.*
   Die Betriebsgröße wirkt sich z.b. unmittelbar auf die Anfangsausgaben bei der Gründung und Erweiterung aus.
d) die *technisch — räumliche Betriebsorganisation,*
e) die *sachliche Ausstattung* zur Herstellung der Betriebsbereitschaft (d.h. Ausgaben für Betriebsmittel).
f) den zu wählenden *Standort.*
   Die Standortwahl bestimmt nicht nur die Ausgaben zur Beschaffung der Betriebsbereitschaft, sondern auch den Umlaufkapitalbedarf über die Lohn- und Transportkosten.
g) die zu wählende *Rechtsform.*
   So erfordern bestimmte Rechtsformen, z.B. Kapitalgesellschaften, eine finanzielle Mindestausstattung; formale Anforderungen an den Gründungsvorgang führen zu besonderen Ausgaben wie z.B. notarielle Beurkundungen, Gründungsprüfungen etc..
h) der *Zeitbedarf,* der zur Herstellung der technischen Betriebsbereitschaft erforderlich ist.

2.2.2 Ermittlung

Der Kapitalbedarf für das Anlagevermögen wird so ermittelt, daß man vom beabsichtigten Leistungsprogramm ausgeht und das hierfür wirtschaftlichste Produktionsverfahren bestimmt.

Damit ist es möglich, anhand von Angebotspreisen und Nebenkosten die Anschaffungspreise für Maschinen, maschinelle Anlagen und für Zubehöreinrichtungen einschließlich der Installation zu ermitteln. Die Ausgaben für Grundstückserwerb und Fabrikbau einschließlich der Nebenkosten kann der Architekt berechnen, der aufgrund der Maschinenauswahl und der produktionsbedingten Eigenheiten weiß, was am zweckmäßigsten ist. Hierzu kommen noch Notariats- und Gerichtsgebühren, Grunderwerbssteuer, Anliegerbeiträge, etc..

Am zweckmäßigsten geht man nach der Bilanzgliederung vor, z.b.:

Grundstücke	80 000, − DM
Gebäude	200 000, − DM
Maschinen	140 000, − DM
Geschäftsausstattung	100 000, − DM
	520 000, − DM

Ausgaben für Planung und Ingangsetzen
der Produktion, notwendige Ausgaben
nach Beginn er Produktion z.b. Zusammenwirken von Mensch und Maschine muß
sich er einspielen   100 000, − DM

Kumulierter Kapitalbedarf für die Er-   620 000, − DM
richtung der Betriebsbereitschaft

Dieser Kapitalbedarf kann zunächst dadurch reduziert werden, daß z.b. an Stelle von 10 Maschinen in Höhe von 140 000 DM gebrauchte Maschinen für 100 000 DM angeschafft, Grundstücke gepachtet (nicht gekauft) und Maschinen geleast werden.

Die hier eingesetzten Beträge entsprechen den tatsächlich aufzuwendenden Summen und sind vom bilanziellen Wertansatz vollkommen unabhängig.

2.3 Der Umlaufkapitalbedarf

Die Bestimmung des Umlaufkapitalbedarfs ist etwas problematischer, denn sie hängt von der Zeit ab, in der sich die einzelnen einzusetzenden Leistungen umschlagen.

2.3.1 Bestimmungsfaktoren

Ein wesentlicher Faktor ist die *Geschwindigkeit, mit der das betriebliche Geschehen* abläuft. Das wird klar, wenn man sich vorstellt, daß Ausgaben und Einnahmen gleich große Beträge wären und auf einen Zeitpunkt fallen würden. Die Ausgaben könnten sofort durch die Einnahmen beglichen werden. Je langsamer aber der Umsatzprozeß verläuft, umso weiter rücken die Zeitpunkte auseinander und umso größer ist der Kapitalbedarf.

Auch die *Fertigungsweise* bestimmt den Kapitalbedarf: z.B. Einzelfertigung, Massenfertigung, sukzessive Fertigung, simultane Fertigung u.a. Bei der sukzessiven Einzelfertigung sind die Ausgaben im Laufe des Zeitraums der Produktion fällig, die Einnahmen kommen erst am Produktionsende. Bei simultaner Einzelfertigung treten die Ausgaben für mehrere Produktarten parallel auf. Beginnt und endet die Produktion aller Produktarten gleichzeitig, dann vervielfacht sich der Kapitalbedarf gegenüber der sukzessiven Fertigung.

Die Ausgaben für Löhne, Gehälter, Steuern u.ä. sind in ihrer Zahlungsweise meist zeitlich fixiert ohne daß man genau angeben könnte, wann ihnen Einnahmen gegenüberstehen, da sie nicht unmittelbar mit dem Verkauf eines Produktes verknüpft sind. Sie müssen aus den Umsatzerlösen insgesamt abgedeckt werden.

Beschaffung und Lagerung von Einsatzgütern und Fertigprodukten bestimmen den Umlaufkapitalbedarf. Die fertigunssynchrone Beschaffung verringert, die Lagerung erhöht den Kapitalbedarf.

2.3.2 Ermittlungsverfahren

a) Die kumulative Methode

Hier schätzt man zunächst die durchschnittlichen täglichen Ausgaben und errechnet die Kapitalgebundenheit des Umlaufvermögens, d.h. man versucht die Anzahl der Tage zu ermitteln, die zwischen dem Beginn des Betriebsprozesses und dem Beginn des laufenden Erlöseingangs liegen.

Die Multiplikation beider Größen liefert uns den Kapitalbedarf.

Beispiel:

Wir haben laufende tägliche Ausgaben in Höhe von DM 20000, —. Die durchschnittliche zeitliche Bindung beträgt

durchschnittliche Lagerdauer der Einsatzstoffe (tL 1)	40 Tage
durchschnittliche Produktionsdauer (tp)	12 Tage
durchschnittliche Lagerdauer der Fertigprodukte (tL 2)	20 Tage
durchschnittliches Debitorenziel (tD)	8 Tage
	80 Tage

Kapitalbedarf =

= Kapitalgebundenheit   x   tägl. Ausgaben = }
   80 Tage   x   20 000, –   }   1 600 000, –

Die Rechnung berücksichtigt nicht, daß die Ausgaben für die verschiedenen Beschaffungsgüter zu unterschiedlichen Zeitpunkten und in verschiedenen Abständen erfolgen. Durch die Verwendung von Durchschnittsgrößen treten daher große Ungenauigkeiten auf. Genauere Rechnungen stellen den Kapitalbedarf getrennt für verschiedene Ausgabenarten fest.

b) Die elektive Methode

Hier werden die Ausgaben für die Betriebsprozesse feiner untergliedert (nach den Teilprozessen) und mit den differenzierten Fristen multipliziert.

Beispiel 1

Durchschnittliche tägliche Ausgaben

für Einsatzstoffe	5 000, –
im Materialbereich (L1)	500, –
im Produktionsbereich (p)	12 000, –
bei der Fertigproduktelagerung (L2)	1 000, –
im Vertrieb (D)	1 000, –
für sonstiges	500, –
	20 000, –

diese verschiedenen Ausgabenbeträge werden nun mit den jeweiligen Bindungsfristen multipliziert.

5 000 DM	Einsatzstoffe	x	80 Tage =		400 000, –
500 DM	Materialbereich	x	80 Tage =		40 000, –
12 000 DM	Produktionsber.	x	40 Tage =		480 000, –
1 000 DM	Fertigprodukte-				
	lagerung	x	28 Tage =		28 000, –
1 000 DM	Vertrieb	x	8 Tage =		8 000, –
500 DM	sonstiges	x	80 Tage =		20 000, –
					976 000, –

Beispiel 2:

Geht man davon aus, daß die laufenden Ausgaben in den verschiedenen Unternehmungsbereichen nicht sofort bei Beginn der Lagerung bzw. der Fertigung anfallen, sondern erst nach und nach, dann muß man die durchschnittliche Kapitalgebundenheit niedriger ansetzen, z.B. nur die Hälfte.

Materialbereich $5\,500, - \times (\dfrac{tL1}{2} + tp + tL2 + tD) =$ 330 000,—

Produktionsbereich $12\,000, - \times (\dfrac{tp}{2} + tL2 + tD) =$ 408 000,—

Fertigproduktelagerung $1\,000, - \times (\dfrac{tL2}{2} + tD) =$ 18 000,—

Vertrieb $1\,000, - \times tD =$ 8 000,—

sonstiges $500, - \times \dfrac{t}{2} =$ 20 000,—
_____
784 000, —

Einige Autoren ziehen die Lieferantenziele gleich ab. Ob man dies darf, ist eine prinzipielle Frage, die hier nicht diskutiert werden sollte.

Aufschlußreicher als Faustformeln ist die Aufstellung eines Finanzplanes, der alle Einnahmen und Ausgaben von der Gründung an betragsgetreu und zeitgerecht festhält.

2.2.3 Der Kapitalumschlag

Der wichtigste Kritikpunkt an der so einfach gehaltenen Kapitalbedarfsrechnung liegt in der Bestimmung der eingesetzten Größen. Das gilt besonders für den Faktor Zeit, der sich in Lagerdauer, Produktionsdauer usw., aber auch im Problem der Lebensdauer der Betriebsmittel zeigt.

Beim Kapitalumschlag muß man Anlagevermögen und Umlaufvermögen gesondert betrachten.

Beim *Umlaufvermögen* muß für die Berechnung des Kapitalumschlags die Zeit in die einzelnen Teilabschnitte aufgeteilt werden: Lagerzeit, Produktionszeit, Zahlungsziel.

Bei der Berechnung des *Lagerumschlags* wird zunächst der durchschnittliche Lagerbestand ermittelt. Man nimmt den Anfangsbestand und 12 Monatsbestände und bildet das arithmetische Mittel. (Wochen- oder Tageswerte ergeben natürlich noch genauere Ergebnisse). Der gesamte Jahreslagerumsatz wird durch den so ermittelten durchschnittlichen Lagerbestand geteilt und gibt den Lagerumschlag.

$$\text{durchschnittlicher Lagerbestand} = \frac{\text{Anfangsbestand} + 12 \text{ Monatsbest.}}{13}$$

$$\text{Lagerumschlagskoeffizient} = \frac{\text{Lagerumsatz}}{\text{durchschnittlicher Lagerbestand}}$$

$$\text{durchnittliche Lagerdauer in Tagen} = \frac{360}{\text{Lagerumschlagskoeffizient}}$$

Bei einer genauen Analyse müssen diese Werte für alle Lagerarten im Betrieb ermittelt werden z.b. Lager der Roh- Hilfs- und Betriebsstroffe, Lager der Fertigprodukte etc..

Eine Erhöhung des Lagerumschlagskoeffizienten verkürzt die durchschnittliche Lagerdauer und verringert den Kapitalbedarf.

Ähnliches gilt für den *Debitorenumschlag,* für den die gleichen Relationen gelten wie für den Lagerumschlag.

$$\text{durchschnittlicher Debitorenbestand} = \frac{\text{Anfangsbestand} + 12 \text{ Monatsbest.}}{13}$$

$$\text{Debitorenumschlagskoeffizient} = \frac{\text{Zielverkäufe}}{\text{durchschnittlicher Debitorenbest.}}$$

$$\text{Debitorenumschlagsdauer} = \frac{360}{\text{Debitorenumschlagskoeffizient}}$$

Genau umgekehrt ist es beim *Kreditorenumschlag;* eine hohe Kreditorenumschlagsdauer bzw. ein niedriger Kreditorenumschlagskoeffizient verringern den Kapitalbedarf. Eine Erhöhung des Kreditorenumschlagskoeffizienten dagegen bedeutet eine Verkürzung der Kreditorenumschlagsdauer. Die dadurch weggefallenen Kreditierungstage müssen durch andere Finanzierungsmittel überbrückt werden, damit entsteht zusätzlicher Kapitalbedarf.

Bei *Anlagevermögen* liegt die Problematik der Bestimmung des Kapitalumschlags im Ansatz der Lebensdauer der einzelnen Vermögensgegenstände. Wenn man diese Rechnung überhaupt anstellt, dann nur in der allgemeinen Form.

Kapitalumschlagskoeffizient des Anlagevermögens =

$$= \frac{360}{\text{durchschnittliche Abschreibungsdauer in Tagen}}$$

Übung 1: Lagerumschlag und Kapitalbedarf

Eine Betriebswirtschaft mit einem Jahresumsatz von 24 Millionen DM hat einen Lagerumschlagskoeffizienten von 6. Das Ziel besteht darin, die Bevorratung auf 45 Tage festzulegen.

a) Für wieviele Tage war sie ursprünglich bevorratet?

b) Wie hoch war der Kapitalbedarf für die ursprüngliche Bevorratung?

c) Wie hoch ist der Lagerumschlagskoeffizient nach der neuen Zielsetzung?

d) Wie hoch ist der Kapitalbedarf für die Bevorratung gemäßt neuer Zielsetzung?

Lösung siehe Anhang

Übung 2: Debitorenumschlag und Kapitalbedarf

Eine Betriebswirtschaft weist Zielverkäufe in Höhe von insgesamt 90 000 DM auf. Den Kunden wird eine Zahlungsfrist von 60 Tagen eingeräumt, die diese auch in Anspruch nehmen.

a) Wie hoch ist der Kapitalbedarf zur Finanzierung des durchschnittlichen Debitorenbestandes?

b) Wie hoch wäre der Kapitalbedarf, wenn die Schuldner (Kunden) nach 40 Tagen ihre Verbindlichkeiten bei unserer Betriebswirtschaft begleichen würden?

Lösung siehe Anhang

3. Die mittel — und langfristige Finanzplanung

Bei der Finanzplanung müssen nicht immer exakt ausgearbeitete Pläne vorliegen. Viele Praktiker stellen Finanzpläne nach ihren eigenen Methoden auf. Kleine und kleinste Betriebe machen sich oft nur in besonderen Fällen eine Übersicht. Manche Unternehmer haben ihre Planung „im Kopf". Dies ist im Prinzip nicht so gefährlich, wichtig ist, daß ein klarer Überblick über die finanziellen Verhältnisse gewonnen wird. Dabei muß insbesondere bei der Aufstellung von langfristigen Finanzplänen vor übertriebener Genauigkeit gewarnt werden, die zur Verwirrung und damit zu Fehlerquellen führt. Ein kompliziertes Zahlenwerk kann unter Umständen mehr Schaden als Nutzen bringen.

Der langfristige Finanzplan kann und muß in großen Zügen schon bei der Gründung aufgestellt werden. Für den langfristigen Finanzplan eines Industriebetriebes ist zunächst einmal zu ermitteln, von welchem Zeitpunkt ab mit Einnahmen aus der laufenden Produktion zu rechnen ist.

3.1 Die Finanzprognose

Die Vorwegnahme von Ereignissen durch einen Blick in die Zukunft bezeichnet man als Prognose.

Die Finanzprognose ist die Grundlage der Finanzplanung. Zur Gewinnung von Information über die künftigen Zahlungsbewegungen gibt es verschiedene Techniken, die nachfolgend dargestellt werden.

3.1.1 Pragmatische Prognosen

Pragmatische Prognosetechniken sind Heuristiken, die zur Produktion, Systematisierung und Kombination von Information eingesetzt werden.

Sie basieren im wesentlichen auf den subjektiven Erfahrungen, Erwartungen und Meinungen von Experten. Ihre Ergebnisse werden durch objektiven Sachverstand wie durch persönliche Auffassungen geprägt. Aus diesem Grunde kann der eigentliche Prognosevorgang kaum nachvollzogen werden. Das Ergebnis solcher Prognosen ist in starkem Maße an eine bestimmte Person gebunden.

3.1.2 Extrapolierende Prognosen

Diese Techniken basieren auf statistischen Wahrscheinlichkeitszusammenhängen. Bei allen Verfahren der Extrapolation werden Vergangenheitswerte mathematisch geglättet und ohne Berücksichtigung kausaler Beziehungen in die Zukunft projiziert. Man schließt von bekannten Zahlungsbewegungen der Vergangenheit direkt auf Zahlungsbewegungen der Zukunft.

Eine entscheidende Voraussetzung dieser Techniken ist eine stabile Umwelt. Nur wenn die in der Vergangenheit wirksamen Einflüsse auch in der Zukunft andauern, kann die Prognose sinnvoll sein. Außerdem müssen wir voraussetzen, daß eine zu extrapolierende Zeitreihe aus einer hinreichend großen Zahl von Vergangenheitswerten besteht. Nur dann kann auf die prognostische Kraft statistischer Gesetzmäßigkeiten vertraut werden. Zur Extrapolation siehe näher Band 6: „Betrieb. Statistik" der Buchreihe.

3.1.3 Kausale Prognosen

Kausale Techniken leiten die künftige Entwicklung einer Zeitreihe aus dem Verlauf einer anderen ab. Beide Reihen stehen dabei in einem Ursache – Wirkungs-Zusammenhang. Ist dieser Zusammenhang eindeutig, spricht man von einer deterministischen Prognose, z. B. lineare Regressionsanalyse. Liegen dem Zusammenhang statistische Gesetzmäßigkeiten zugrunde, dann handelt es sich um eine stochastische Prognose.

Auf diese Weise wird von der gegenwärtigen Ausprägung oder Entwicklung einer Plangröße auf die künftige Entwicklung einer anderen Größe geschlossen.

3.2 Der Kapitalbindungsplan

Er ist das am weitesten in die Zukunft blickende finanzwirtschaftliche Rechenwerk.

Auf der einen Seite sind die geplanten Kapitalbindungen (Kapitalverwendung) aufgeführt. Diesen werden die künftigen Zuflüsse an Kapital gegenübergestellt (Kapitalherkunft). Allerdings sind beide Seiten aggregierte Größen. Die genaue Erfassung ist derzeit nicht möglich und künftig nicht sehr wahrscheinlich. Diese Methode macht ersichtlich, wie in Zukunft Kapitalbedarf (für Investitionen) und Kapitaldeckung (durch Finanzierung) ausgeglichen werden können.

Der Kapitalbindungsplan lehnt sich an die Bewegungsbilanz an, indem er die

Veränderungen der künftigen Kapitalbindung und Kapitalaufbringung ausweist. Dabei wird unterstellt, daß das Gleichgewicht von Kapitalbedarf und Kapitaldeckung in der Gegenwart bereits gewährleistet ist und nur geprüft werden muß, ob das Gleichgewicht in der Zukunft erhalten bleibt oder gefährdet ist.

Zu- und Abflüsse werden getrennt auf der Aktiv- und Passivseite ausgewiesen (siehe Abb. 9).

Kapitalbindungsplan

Kapitalverwendung	Kapitalherkunft
1. *Investitionen* — Sachanlagen	1. *Finanzierung* — Erhöhung von Eigen- und Fremdkapital
— Finanzanlagen	— Kapitalzuflüsse aus der Selbstfinanzierung
— Umlaufvermögen	— Jahresüberschuß
2. *Definanzierung* — Rückzahlung von Eigen- und Fremdkapital	2. *Desinvestition* — Kapitalfreisetzung aus Abschreibungen
— Ausschüttung von Gewinnen	— Verminderung von Kapitalbindungen im Anlage- und Umlaufvermögen

Abb. 9: Kapitalbindungsplan

Der Kapitalbindungsplan bezieht sich in der Regel auf ein Jahr. Innerhalb dieses Planungshorizontes wird jedoch nicht weiter unterteilt. Der langfristige Effekt wird in der Praxis dadurch erreicht, daß man bis zu 12 und mehr Kapitalbindungspläne hintereinanderschaltet. Mit Hilfe des Kapitalbindungsplanes kann man erkennen, ob zusätzliche Finanzierungsmaßnahmen notwendig werden, bzw. ob zusätzliche Investitionsvorhaben überhaupt eine Chance haben.

Allerdings sind diese Informationen unpräzise, weil man nur über Salden für das Jahresende verfügt.

Auch kann nicht mit Sicherheit festgestellt werden, ob eine jetzt beabsichtigte Investition oder Finanzierungsmaßnahme in einem noch nicht erfaßten Zeitraum an der Fristenentsprechung scheitern wird.

In der Praxis wirkt man dieser Gefahr dadurch entgegen, daß man die langfristig wirkenden Investitions- und Finanzierungsmaßnahmen in Fristgruppen aufeinander abstimmt (Finanzierungs- bzw. Investitionspakete).

4 Der kurzfristige Finanzplan (Jahresfinanzplan)

4.1 Zuverlässigkeit

Während bei der mittel- und langfristigen Finanzplanung strukturelle Ungleichgewichte zwischen Kapitalverwendung (Investition) und Kapitalbeschaffung (Finanzierung) beseitigt werden sollen, sorgt der Jahresfinanzplan dafür, daß die kurzfristig anfallenden Ausgaben durch Einnahmen gedeckt werden.

4.2 Informationsquellen

Es wird praktisch das geschätzte Ergebnis, also die Gewinn- und Verlustrechnung, mit der erforderlichen Korrektur für die tatsächlichen Geldein- bzw. -Ausgänge vorweggenommen. Aus der Bilanz des abgelaufenen Jahres werden die Bestände der Kasse, der Bank- und der Postscheckguthaben übernommen und die Debitoren- wie Kreditorensalden entsprechend den Fälligkeiten berücksichtigt. Zusätzlich erscheinen die *Geldeingänge,* die aufgrund der Planung zu erwarten sind z.B. ein neuer Bankkredit, Eingänge aus neuen Darlehen, fällige Einzahlungen von Teilhabern oder Aktionären, Rückvergütungen, fällige Rückzahlungen aus gewährten Krediten, Verkauf von Anlagen, Waren, Wertpapieren oder Forderungen etc.

Auf der *Geldausgangsseite* erscheinen zusätzlich die Positionen, die für Investitionen im Anlagevermögen, Erhöhung von Lagerbeständen, Debitorenerweiterung, Darlehen, Personalausgaben, Zinsen, Lizenzen, Verlustdeckung etc. vorgesehen sind.

4.3 Praktisches Vorgehen

In der Praxis gibt die Geschäftsleitung eine Direktive, z.B. Absatzsteigerung um 10%. Alle Bereiche, Abteilungen etc. ermitteln daraufhin ihren Kapitalbedarf und leiten ihn der beauftragten Stelle (Finanzabteilung) zu. Durch die Gegenüberstellung der Geldbestände und der gesamten Einnahmen auf der einen Seite und der gesamten Ausgaben auf der anderen Seite wird die finanzielle Situation der Betriebswirtschaft erkennbar. (vergleiche Abb. 10).

Finanzplan
01.01 bis 31.12.19...

	Jan.	Feb.	März	April	Mai
1. Zahlungsmittelbestand (Überschuß/Fehl)	6	4	3	−12	2
2. Voraussichtl. Einnahmen					
2.1 Umsatzeinnahmen	15	20	24	20	20
2.2 sonstige Einnahmen	1	2	0	2	2
2.3 Finanzeinnahmen	3	0	6	10	3
Summe Einnahmen	19	22	30	32	25
3. Voraussichtl. Ausgaben					
3.1 Personalausgaben	8	8	8	8	8
3.2 Materialausgaben (RHB Stoffe)	3	3	4	3	3
3.3 Steuern/Abgaben	1	1	3	4	1
3.4 sonstige Ausgaben	1	2	6	1	1
3.5 Finanzausgaben	3	1	4	0	3
3.6 Ausgaben für Investitionen im Anlagevermögen	5	8	20	2	1
Summe Ausgaben	21	23	45	18	17
4. Überschuß/Fehlbetrag (1 + 2 − 3)	4	3	−12	2	10

Abb. 10: Jahresfinanzplan (in Tausend DM)

Beim Jahresfinanzplan besteht zwar grundsätzlich die Gefahr, daß ein Liquiditätsengpass auftritt, der nicht oder zu spät erkannt wird. Ist man sich aber dieser Gefahr bewußt, dann kann man Gegenmaßnahmen treffen, z. B. markante Belastungsspitzen angeben (Lohn- und Steuertermine), Liquiditätsreserven halten (nicht ausgenutzte Teile eines Kontokorrentkredits).

Der Jahresfinanzplan ist auch als gleitende Planung möglich. Jeweils nach Ablauf eines Monats wird derselbe Monat des nächsten Jahres geplant. Auf diese Weise reicht der Planungshorizont — unabhängig vom Geschäftsjahr — stets gleichbleibend weit in die Zukunft. Die Ergebnisse und Erfahrungen des laufenden Monats können unverzüglich und ohne Informationsverlust für den gleichen Monat des Folgejahres verwendet werden. Die Planungsarbeiten geraten nicht unter den Druck des Jahresendes.

Wenn in der Praxis keine Jahresfinanzpläne für 12 Monate erstellt werden, ist häufig eine dreimonatige genaue Vorausschau vorhanden und über den Rest des Planungszeitraumes werden dann die Daten je Quartal verdichtet (siehe Abb. 11).

Finanzplan 01.01. bis 31.12.19. . .
(in Tausend DM)

	Jan.	Feb.	März	II.	III.	IV.
Zahlungsmittelbestand	6	4	3	−12	7	21
Einnahmen der Periode — — —						
	19	22	30	81	85	75
Ausgaben der Periode — — —						
	21	23	45	62	71	83
Überschuß/Fehl	4	3	−12	7	21	13

Abb. 11: Verdichteter Jahresfinanzplan

5. Der tägliche Liquiditätsstatus

5.1 Inhalt und Umfang

Hier handelt es sich um eine tagesbezogene Liquiditätsrechnung. Die im Liquiditätsstaus enthaltene Zahlungskraft erfordert den Ausweis des Kassenbestandes, des Scheck- und Besitzwechselbestandes, des Standes der disponierbaren Bankguthaben und der sofort verfügbaren Kredite. Letztere Information muß aus den Unterlagen der Finanzabteilung, aus Kreditverträgen oder Erklärungen der Kreditinstitute entnommen werden. Vom eingeräumten Kredit ist der tatsächlich schon beanspruchte Kredit zu saldieren.

Bei den Ausgaben entscheiden Fälligkeit und Zahlungsabsicht, sofern ein Spielraum vorhanden ist.

5.2 Zweck

Der tägliche Liquiditätsstatus soll:
a) die gegenwärtige Zahlungsfähigkeit feststellen bzw. Notmaßnahmen zur Sicherung der Zahlungsfähigkeit auslösen;
b) die Zahlungsströme über die einzelnen Zahlungswege lenken (Barzahlung, Überweisung, Scheck);
c) zur Anlegung überflüssiger Mittel führen;
d) alle Abteilungen kontrollieren, die Ausgaben und Einnahmen verursachen.

5.3 Bewertung

Der tägliche Liquiditätsstatus dient ausschließlich dem „genauen" Ausweis der Liquidität.

Es handelt sich um einen aktuellen Wert ohne Plancharakter. Bereits über die Liquidität des folgenden Tages kann der heutige Status nichts aussagen.

Im Rahmen eines computergestützten Rechnungswesens werden zahlreiche Softwareprogramme angeboten, die sich gut auf die individuellen Verhältnisse ausrichten lassen. Als Beispiel eines täglichen Liquiditätsstatus sei auf Abbildung 12 verwiesen.

Liquiditätsstatus zum . . . . .19. . . .

	Guthaben	Kredit	Kredit-linie	Zahlungs-kraft
Kasse	10	—	—	10
LZB	6	—	—	6
Postscheck	10	—	—	10
Bank A	6	0	50	56
Bank B	4	8	40	36
. . . .				
. . . .				
Bank Z	0	15	120	105
Schecks	3	—	—	3
Wechsel	1	—	—	1
Zahlungskraft	40	23	210	227

Personalausgaben	80
Lieferanten	40
Steuern	25
Sonstiges	6
. . . .	
. . . .	
Ausgaben	151

Überschuß (+)/Fehlbetrag (—)   + 76

Abb. 12: täglicher Liquiditätsstatus Angaben in Tausend DM

6 Finanzdispositionen

Die Finanzdispositionen werden im Anschluß an die Finanzplanung getroffen. Es handelt sich um zahlreiche teilweise automatische Routinen, die als Finanzverwaltung bekannt sind, wie: Lohn- und Gehaltszahlungen, Inkasso- und Mahnwesen, Skontoinanspruchnahmen, Steuerung der Zahlungsbewegungen mittels Scheck-, Wechsel-, und Überweisungsdispositionen über die verschiedenen Geld- und Kreditinstitute. Die Zahlungstechnik ist hierbei von Bedeutung, denn sie begründet den Ruf als finanzwirtschaftlicher Partner auf Beschaffungs- und Absatzmärkten. Dieser Vollzug ist in erster Linie eine Termindisposition. Die Abwicklung, d.h. der Zahlungsverkehr soll hier nicht erläutert werden.

6.1 Maßnahmen bei Überdeckung

6.1.1 Langfristige Dispositionen

Strukturelle Überschüsse an Zahlungskraft, die eine wirkliche Disposition verlangen und nicht lediglich als kurzfristige Geldanlage zu betrachten sind, ergeben sich, wenn die Ertragseinnahmen auf lange Sicht die Aufwandausgaben übersteigen. Die herkömmliche Anlagepolitik zielt auf die Schaffung eines Finanzanlagevermögens (Aktien und Rentenwerte). In der Praxis existieren Finanzkonzerne, in denen sich die langfristigen Finanzdispositionen zu einem eigenständigen Beteiligungsmanagement ausweiten.

Bei strukturellen Überschüssen ergreift das Finanzmanagement die Initiative und drängt auf eine erfolgsbetonte Investitionspolitik. Freilich wird sie die Investitionen bevorzugen, die bei Bedarf wieder leicht verflüssigt werden können. Auch eine verstärkte Vorratshaltung wäre denkbar.

6.1.2 Kurzfristige Dispositionen

Im kurzfristigen Bereich sollen unnötige Kassenbestände oder täglich fällige Bankguthaben vermieden werden. Gibt es eine Punktbewertung des Personals dann erhält der Finanzdisponent für jede brachliegende Geldeinheit „Strafpunkte".

Maßnahmen zur Anlegung überschüssiger Zahlungskraft sind:
— Disposition von Termingeldern,
— Disposition von Überschüssen auf dem Geldmarkt (nur Großfirmen),

- Industrieclearing,
- Gewährung von zusätzlichen Zahlungszielen für die Abnehmer,
- Skontoinanspruchnahme,
- Gewährung von Anzahlungen,
- Abbau von Krediten.

6.2 Maßnahmen bei Unterdeckung

Ganz allgemein sind die Möglichkeiten der Finanzdisposition durch die objektiven Grenzen des Finanzierungsangebots und die subjektiven Grenzen der Verschuldungsbereitschaft der Betriebswirtschaft begrenzt.

Ein *Liquiditätsengpaß* beginnt in dem Zeitpunkt, in dem die Ausgaben erstmals nicht durch die Zahlungskraft gedeckt sind, und er endet, wenn ein Geldzufluß erfolgt, der alle vorher nicht erfüllbaren Ausgabenverpflichtungen abdeckt.

Die Maßnahmen zur Überwindung dieser Krise betreffen sowohl die Ausgabenals auch die Einnahmenseite. Der Engpaß kann überwunden werden, wenn die Ausgaben gesenkt oder zeitlich verzögert und wenn die Einnahmen erhöht oder zeitlich beschleunigt werden. Begnügt man sich mit einer zeitlichen Veränderung, ist die drohende Gefahr nur dann gebannt, sofern durch den Eingriff nicht eine spätere Zahlungslücke auftritt.

Maßnahmen auf der Ausgabenseite sind insbesondere:
- Verzicht auf Ersatzinvestitionen,
- Verzicht auf Rationalisierungsinvestitionen,
- Verzicht auf Erweiterungsinvestitionen,
- Verzicht auf Finanzinvestitionen,
- Skontierung einschränken,
- Gewinnausschüttung vermeiden,
- Steuerstundung beantragen,
- Senkung der Lagerbestände, etc. .

Den *Maßnahmen auf der Einnahmenseite* kommt in der Praxis große Bedeutung zu, weil der Ausgabensenkung meist Grenzen gezogen sind. Hier geht es insbesondere um die leistungswirtschaftlichen Einnahmen, d.h. die Umsatzerlöse und die Einnahmen aus der Verflüssigung vorhandener Vermögensbestände wie z.B.:
- Desinvestition von Beständen an Fertigerzeugnissen,
- Desinvestition von Beständen an unfertigen Erzeugnissen,

— Desinvestition von Beständen der Finanzanlagen,
— Liquidation von Vermögensgegenständen.

6.3 Die Disposition von Liquiditätsreserven

Selbst eine noch so sorgfältige Finanzplanung kann unter Umständen Abweichungen von SOLL und IST aufweisen. *Errechnete Gefahren* sind kalkulierte, die sich aus den Erfahrungen der Vergangenheit bestimmen lassen. *Ignorierte Gefahren* sind Bedrohungen, die man als so unwahrscheinlich ansieht, daß man mit ihrem Eintritt nicht rechnet, sondern bewußt mit ihnen lebt. *Erwogene Gefahren* sind zwar nicht exakt quantifizierbar, aber so wahrscheinlich, daß man sie nicht ignorieren kann.

Zur Abwehr der Gefahren, werden Liquiditätsreserven gehalten, die zum Zeitpunkt des Eintritts einer finanzwirtschaftlichen Gefahr als Zahlungskraft bereitstehen müssen.

Zur Liquiditätsreserve gehören:
— *Zahlungskraftreserven* (Kasse, Bank, Postscheck, Schecks und Besitzwechsel, noch nicht ausgenutzte Kreditlinien);
— *Finanzierungsreserven* wie bereits zugesagte, aber noch nicht bereitgestellte Kredite, sicher erwartete Kredite, mobilisierbare Eigenfinanzierung;
— *Vermögensreserven* z.b. diskontierbare Besitzwechsel, lombardfähige Wertpapiere, sonstige Gegenstände des Finanzvermögens, kündigungsfähige Termineinlagen, liquidierbare Beteiligungen, reale Vermögensgegenstände insbesondere des Umlaufvermögens (Forderungsverkauf etc.).
Die Liquiditätsreserve besteht meist aus einer Reihe von Möglichkeiten.

Im Rahmen der Disposition geht es darum, eine Auswahl nach bestimmten Regeln zu treffen. Wesentlich hierbei sind:
— die erwogene finanzwirtschaftliche Gefahr,
— die Kosten der Reservierung.

Ist damit zu rechnen, daß die Abweichungen nur kurzfristig erkennbar sein werden, muß im Extremfall ausschließlich eine Zahlungskraftreserve gehalten werden. Bei langfristig sichtbaren Gefahren genügt dagegen eine Vermögensreserve.

Die Art der Reserve wird immer vom Einzelfall bestimmt. Wichtig für den Finanzmann ist, daß er Abweichungen gegenüber ausreichend sensibel ist und diese Abweichungen in das finanzwirtschaftliche Kalkül aufnimmt.

Die Höhe dieser Reserve richtet sich nach der Unsicherheit, mit der die Zahlungsströme behaftet sind.

7 Die Berücksichtigung der Ungewißheit in der Finanzplanung

7.1 Die Ungewißheit

Planungsprobleme gibt es bei vollkommener Voraussicht und sicherer Erwartung
nicht. Betriebswirtschaften befinden sich aber im allgemeinen in einer Situation
der Ungewißheit, die vom Markt aber auch vom Planungshorizont ausgeht. Der
Finanzplaner muß versuchen, diese Ungewißheit durch sorgfältige Informations-
gewinnung und -auswertung zu vermindern.

Bei *Entscheidungen unter Sicherheit* kann die Umweltsituation eindeutig ermittelt und die Konsequenzen können genau festgestellt werden. Diese Annahme
entspricht nicht der Realität.

Bei *Entscheidungen unter Risiko* können mehrere Umweltsituationen eintreten.
Mit Hilfe der Wahrscheinlichkeitsrechnung ist es möglich, die Streuung der Daten zu bestimmen.

Bei *Entscheidungen unter Unsicherheit* liegen keine statistischen Wahrscheinlich-
keiten über den Eintritt dieses oder jenes Ereignisses vor, höchstens subjektive
d.h. vom Entscheidungsträger geschätzte Werte.

Die Finanzplanung ist eine Totalplanung, d.h. sämtliche Alternativen aus den betrieblichen Teilbereichen müssen berücksichtigt werden. Damit gehen auch alle
ungewissen Faktoren von Teilplänen und Teilprognosen in die Planung der finanzwirtschaftlichen Größen ein. Die Betriebswirtschaft muß daher dieser Ungewißheit begegnen.

7.2 Instrumente der Ungewißheitsbewältigung

Auf der Suche nach Lösungshilfen hat man einige Grundsätze aufgestellt, nämlich:
a) Elastische Gestaltung der Planung

b) Erstellen von Alternativplänen
c) Einrechnen von Sicherheitsspannen

Zu a) Dies ist notwendig, weil bei Unsicherheit den einzelnen Alternativen keine eindeutigen Konsequenzen zuzuordnen sind. Die Planung muß elastisch sein, um Abweichungen vom Plan auffangen zu können.

Man kann hierbei:
— Entscheidungen über wichtige Planzusammenhänge erst dann treffen, wenn sie zeitlich unausweichlich sind (höchstmöglicher Informationsgrad).
— Unterschiedliche Planungswerte annehmen, z.B. einen ungünstigsten, günstigsten und mittleren Wert.
— Die Planungshorizonte unterschiedlich genau planen
   z.b. langfristig — sehr elastisch
   mittelfristig — optimistischer und pessimistischer Wert
   kurzfristig — wahrscheinlichste Entwicklung ansetzen.

Zu b) Für Situationen, die am wahrscheinlichsten eintreffen werden, sollten Alternativstrategien festgelegt werden. Der Zeitaufwand und die Kosten begrenzen diese Programme in der Praxis.

Zu c) Man legt zwar den wahrscheinlichsten Wert seiner Planung zugrunde, sichert sich aber dadurch ab, daß man diesen Wert noch um einen Risikozuschlag berichtigt. Man hat so die Gewißheit, daß nach Berücksichtigung der Sicherheitsspanne der Finanzierungsbedarf kaum höher als der korrigierte Betrag sein wird.

Wiederholungsfragen

1. Welches Ziel verfolgt die Finanzplanung?

2. Beschreiben Sie die Hauptaufgaben der Finanzplanung.

3. Erläutern Sie die Methoden der Ermittlung des Umlaufkapitals.

4. Erläutern Sie die Methoden der Ermittlung des Anlagekapitals.

5. Welche Faktoren bestimmen den Umlaufkapitalbedarf?

6. Welcher Zusammenhang besteht zwischen Kapitalbedarf und Kapitalumschlag?

7. Welcher Zusammenhang besteht zwischen Lagerumschlag und Lagerdauer?

8. Beschreiben Sie die wichtigsten Techniken der Finanzprognose.

9. Beschreiben Sie Struktur und Inhalt des Kapitalbindungsplanes.

10. Welche Informationsquellen werden hauptsächlich für den Jahresfinanzplan benützt?

11. Was versteht man unter gleitender Finanzplanung?

12. Welchen Inhalt und welchen Wert hat der tägliche Liquiditätsstatus?

13. Welche Maßnahmen kann man bei Überdeckung anwenden?

14. Welche Maßnahmen empfehlen sich bei Unterdeckung?

15. Welche Instrumente der Ungewißheitsbewältigung kennen Sie?

Teil C:
Die Kapitalquellen

1. Übersicht und Bedeutung

Durch die Finanzplanung wird eine Deckungslücke bekannt. Diese Lücke kann geschlossen werden
— entweder durch Kapitaleinlagen von außen (außerhalb der Betriebswirtschaft)
— oder durch Kapital, das innerhalb der Betriebswirtschaft gebildet oder freigesetzt, aber nicht ausgeschüttet wird.

Dieses zufließende Kapital wird als *Eigenkapital (Beteiligung)* bzw. *Fremdkapital (Kredit)* zugeführt. Der Kapitalgeber kann daher seine Mittel direkt dem Kapitalnehmer übertragen. z.B. Erwerb von Beteiligungen, Gewährung von Darlehen. Häufig ist eine vermittelnde Zwischenstelle zwischen Kapitalgeber und Kapitalnehmer tätig, z.B. Finanzmakler, Banken etc.

Den Zusammenhang zeigt die Abbildung 13 (Kapitalquellen und Kapitalformen)

Kapital- quellen Kapital- formen	Außenfinanzierung	Innenfinanzierung
Eigenkapital bzw. Eigenfinanzierung	Beteiligung- finanzierung z.B. Ausgabe von Aktien	Gewinnthesau- rierung
		Vermögens- umschichtung
Fremdkapital bzw. Fremdfinanzierung	Kreditfinanzierung (Kredite, Anleihen etc.)	Rückstellungen d.h. eigengebildetes Fremdkapital

Abb. 13: Kapitalquellen und Kapitalformen

Als Kapitalgeber bzw. Kapitalvermittler fungieren folgende Personen und Institutionen:

(1) *Geschäftsbanken*
Die *Kreditbanken* gewähren größtenteils kurzfristige Kredite zur Abwicklung des laufenden Geschäftes. *Sparkassen und Landesbanken* betreiben auch die mittel- und langfristige Industriefinanzierung.
Spezialkreditinstitute befassen sich vorwiegend mit der lang- und mittelfristigen Kreditgewährung (z. B. Kreditanstalt für Wiederaufbau, Deutsche Ausgleichsbank, Industriekreditbank).

(2) *Versicherungen*
Sie sind neben den Banken die größten Kapitalsammelstellen in Deutschland.
Sachversicherungen legen ihre kurzfristigen Liquiditätsüberschüsse ebenso kurzfristig an.
Lebensversicherungen. Die Späranteile der Prämien (Deckungsstock) ermöglichen es, Kredite zu gewähren. Hierbei sind aber die Gesellschaften durch das Gesetz über die Beaufsichtigung der privaten Versicherungsunternehmen und Bausparkassen (VAG) und durch die Vorschriften des Aufsichtsamtes für das Versicherungswesen eingeschränkt. Versicherungen kommen als Kreditgeber nur infrage für
— Hypotheken
— Schuldscheindarlehen (an Industrie).
Kranken- und Rückversicherungen
gewähren nur in beschränktem Umfang Schuldscheindarlehen.

(3) *Finanzierungsgesellschaften*
Sie haben in der Bundesrepublik nur geringe Bedeutung da die Banken hier stark engagiert sind. Die meisten europäischen Finanzierungsgesellschaften haben sich auf bestimmte Branchen spezialisiert (Brauereien, Elektroindustrie etc.).
Einige deutsche Finanzierungsgesellschaften bemühen sich vorwiegend um die Versorgung des Mittelstandes mit Eigenkapital, z.B. Indufina u.ä.

(4) *Finanzmakler*
vermitteln mittel- und langfristige Kredite sowie Beteiligungen. Häufig sind sie im Auftrag von Banken und Kapitalsammelstellen tätig.

(5) *Geschäftsfreunde*
gewähren als Lieferanten wie Abnehmer Kredite.

(6) *Arbeitnehmer*
stunden ihr Entgelt bis zum Auszahlungstermin, beteiligen sich durch Belegschaftsaktien oder Investivlohn direkt und gewähren Kredite (Personalobligationen).

(7) *Die öffentliche Hand*
gewährt neben den Steuerstundungen auch spezielle Kredite an die gewerbliche Wirtschaft. Es sind teils zinsgünstige Darlehen, teils Zinszuschüsse, Subventionen und Prämien (z.B. Stillegungsprämien).

Daneben werden auch Bürgschaften und Garantien übernommen, damit Kreditnehmer, die selbst keine ausreichenden Sicherheiten bieten können, Kredite für förderungswürdige Zwecke erhalten.

Der Antrag auf eine öffentliche Kredithilfe ist bei der Hausbank zu stellen. Diese leitet den Antrag an das Hauptleihinstitut (z.B. Kreditanstalt für Wiederaufbau) zur Entscheidung weiter.

Der zugesagte Kredit wird über die Hausbank abgewickelt. Die Hausbank wiederum kann sich beim Hauptleihinstitut refinanzieren.

(8) *Eigentümer und Interessenten*
stehen in erster Linie als Eigenkapitalgeber zur Verfügung. Die Art und Weise des Vorgehens wird durch die einzelnen Rechtsformen bestimmt (z.B. Nachschußpflicht). Eigentümer und Interessenten können aber ebenso Darlehen gewähren.

2. Die Finanzmärkte

Die Finanzmärkte führen Angebot und Nachfrage zusammen und versuchen einen Ausgleich vorzunehmen. Funktionierende Märkte sind daher Voraussetzung für die verschiedenen Möglichkeiten der Kapitalzufuhr von außen (d.h. der Außenfinanzierung).

Finanzmärkte sind unvollkommene Märkte, d.h. es existieren verschiedene Teilmärkte, auf denen jeweils zu unterschiedlichen Konditionen und Zinssätzen Kredite und Beteiligungen gehandelt werden.

Von der Aufgabenteilung hat sich folgende Unterscheidung ergeben:

(1) *Der Geldmarkt*
ist Treffpunkt von Angebot und Nachfrage nach kurzfristigen Betriebsmittel- bzw. Umsatzkrediten;

(2) *Der Kapitalmarkt*
dient der Vermittlung langfristiger Anlagenkredite und Beteiligungen.

Eine Übersicht gibt Abb. 14 (Finanzmärkte)

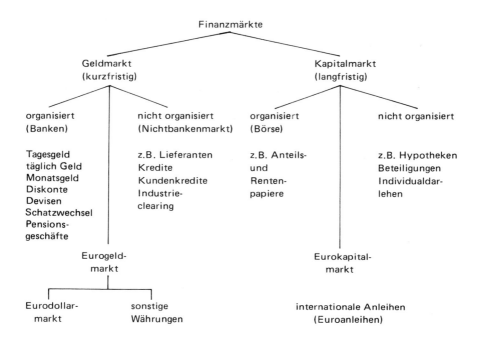

Abb. 14: Finanzmärkte

Der organisierte Geldmarkt ist ein Bankenmarkt. Per Telefon, Fax etc. werden entweder zwischen Banken oder zwischen Banken einerseits und Versicherungen, Bausparkassen, öffentlichen Kassen und großen Industrieunternehmen andererseits, Liquiditätstransaktionen vorgenommen. Haupthandelsobjekte sind Tagesgeld, Monatsgeld, rediskontfähige Wechsel, Devisen und Schatzwechsel und andere Geldmarktpapiere.

Auf dem *nicht-organisieten Geldmarkt* werden Lieferanten- und Kundenkredite gehandelt. Auch Industrie- und Konzernclearing sind diesem Teilmarkt zuzurechnen.
Industrieclearing ist der kurzfristige Geldhandel zwischen Industrieunternehmen ohne Einschaltung der Banken.
Konzernclearing nennt man den Ausgleich von Liquiditätsüberschüssen und -defiziten innerhalb eines Konzerns.

Der *Euro-Geldmarkt* ist zu 80 % ein Euro-Dollar-Markt. Die restlichen Geschäfte werden in englischen Pfunden, holländischen Gulden, Schweizer Franken und DM abgewickelt. Die Geschäfte werden in Währungen getätigt, die weder die des

50

Geldgebers noch die des Geldnehmers sind. Es gelten hier überwiegend Ausleihen für 90 Tage. Gehandelt werden Eurogelder und Eurogeldmarktpapiere.

Der *organisierte Kapitalmarkt* ist die Wertpapierbörse. Sie zerfällt selbst in verschiedene Teilmärkte z.b. Aktienmarkt, Rentenmarkt, amtlicher Markt, Freiverkehrsmarkt etc.

Der *nicht-organisierte Kapitalmarkt* ergänzt die Wertpapierbörse, denn es werden hier insbesondere Beteiligungen gehandelt, die entweder nicht börsengängig sind (z.b. GmbH-Anteile, Kommanditanteile etc.) oder die noch nicht börsenfähig sind z.b. junge Aktien. Daneben gibt es Teilmärkte für nicht fungible (= vertretbare) Individualdarlehen wie z.b. Schuldscheindarlehen der Versicherungen und einen Teilmarkt für Hypotheken.

Auf dem *Euro-Kapitalmarkt* werden langfristige Kredite, sogenannte Euro-Anleihen, angeboten bzw. nachgefragt. Sie werden außerhalb des Schuldnerlandes von einem internationalen Konsortium plaziert und in Ländern außerhalb des Währungslandes vertrieben, z.b. Italien legt eine Dollaranleihe auf, die in Westeuropa vertrieben wird. Daneben werden mittel- und langfristige Kredite (Eurokredite) gewährt und Fristentransformationen durchgeführt (Roll-over-Kredite).

Zentren der internationalen Finanzmärkte sind:
in Europa: London und Luxemburg;
in Amerika: Bahamas, Cayman Islands, Bermudas, Barbados, USA;
in Asien: Hongkong, Singapur, Japan.

Wiederholungsfragen zu C 1 (Übersicht und Bedeutung der Kapitalquellen)
zu C 2 (Finanzmärkte)

1. Systematisieren Sie die Finanzierungsarten nach Kapitalquellen und Kapitalformen.

2. Welche Personen und Institutionen kommen für Betriebswirtschaften als Kapitalgeber in Frage?

3. Spielen die Sach- oder die Lebensversicherungen als Kapitalgeber eine größere Rolle?
Begründen Sie Ihre Ansicht!

4. Welche Kreditinstitute haben sich in der Bundesrepublik besonders auf die mittel- und langfristige Unternehmensfinanzierung spezialisiert?

5. Können Arbeitnehmer zur Finanzierung herangezogen werden?

6. Wodurch unterscheiden sich Geld- und Kapitalmarkt?

7. Welche Positionen werden auf dem Geldmarkt gehandelt?

8. Was ist ein „Euro-Dollar" und welchen Kurswert hat er im Vergleich zur Deutschen Mark?

3. Die Außenfinanzierung

Von Außenfinanzierung spricht man, wenn Kapital, das in der Volkswirtschaft bereits vorhanden ist, auf eine Betriebswirtschaft übertragen wird.

Man unterscheidet hierbei die Übertragung von Eigenkapital als *Beteiligungsfinanzierung* sowie die Übertragung von Fremdkapital als *Kreditfinanzierung.* Eine gewisse Sonderstellung nehmen die Mittel ein, die aus staatlichen Subventionen kommen. Sie können sowohl den Charakter von Eigenkapital als auch den von Fremdkapital haben.

3.1 Die Beteiligungsfinanzierung

Die Beteiligung kann mit einer Geldeinlage oder einer Sacheinlage erfolgen. Der Beteiligte erhält im allgemeinen ein Mitbestimmungsrecht bei der Geschäftsführung. Bei den Personengesellschaften arbeiten die Beteiligten aktiv mit, bei den Kapitalgesellschaften besteht diese Bindung nicht.

Wie das Kapital der Betriebswirtschaft zugeführt werden kann, hängt weitgehend von der Rechtsform ab. Hierbei gibt es vier grundsätzliche Wege:
— zusätzliche Einlagen des Unternehmers/der bisherigen Gesellschaften
— Einlagen neuer Gesellschaften
— Aufnahme eines stillen Gesellschafters
— Ausgabe junger Aktien.

Für die kapitalsuchende Betriebswirtschaft ergeben sich bei der Beteiligungsfinanzierung folgende Konsequenzen:
(1) Dem Kapitalgeber müssen Eigentumsrechte eingeräumt werden (Kontrolle, Mitsprache, Stimmrecht etc.),
(2) Die Kapitalgeber sind am Gewinn, Verlust und Liquidationserlös zu beteiligen,
(3) Beteiligungskapital haftet,
(4) Beteiligungskapital bringt keine feste Liquiditätsbelastung,
(5) Beteiligungskapital wird meist langfristig zur Verfügung gestellt und ist für alle Zwecke einsetzbar.

3.1.1 Beteiligungsfinanzierung bei Personengesellschaften

a) Die Einzelunternehmung
Die Versorgung mit Eigenkapital hängt ausschließlich von der Kapitalkraft eines einzelnen, nämlich des Unternehmers ab.

Sollen Rechtsform und Selbständigkeit gewahrt bleiben, dann muß das benötigte Kapital aus dem Privatbereich aufgebracht werden. Ist dies nicht in ausreichendem Maße möglich, bietet diese Rechtsform keine Alternative. Bei größerem Kapitalbedarf wird daher die Einzelunternehmung zu einer anderen Unternehmungsform übergehen, z.B. der Fall Krupp. Nicht selten wird diese Umwandlung sogar auf Betreiben der Gläubiger herbeigeführt, denn das Eigenkapital ist keine konstante Größe. Ebenso wie man Kapital aus dem Privatbereich dem Geschäftskapital zuführen kann, ist es auch umgekehrt möglich, Geschäftskapital jederzeit in Privatkapital umzuwandeln und es zu verbrauchen.

b) Die Stille Gesellschaft
Die Stille Gesellschaft tritt nach außen hin überhaupt nicht in Erscheinung. Ökonomisch gesehen ist sie eigentlich ein langfristiger Kredit, obwohl sie von den Merkmalen her Eigenkapitalcharakter hat.

Positiv für die Betriebswirtschaft ist, daß der Stille Gesellschafter nur ein Kontrollrecht zum Jahresende hat und die Beteiligung nach außen hin nicht bekannt wird (reine Innengesellschaften).

Positiv für den Gesellschafter ist, daß er am Gewinn beteiligt werden muß, die Verlustbeteiligung aber vertraglich ausschließen kann und für die Geschäftsschulden nicht zu haften braucht. Im Konkursfall kann er seine Einlage als Gläubiger zurückfordern.

Mitwirkungsrechte kann er vertraglich vereinbaren und sogar einen Anteil an den stillen Reserven.

c) Die Offene Handelsgesellschaft
Das Eigenkapital der Offenen Handelsgesellschaft besteht aus dem Kapital der Gesellschafter.

Da das Gesetz die Zahl der Gesellschafter nicht beschränkt, kann die Eigenkapitalbasis naturgemäß größer sein, als in der Einzelunternehmung.
In der Praxis ergeben sich für eine Beteiligungsfinanzierung aber zahlreiche Schwierigkeiten:

— Die Gesellschafter haben umfassende Mitwirkungs- und Kontrollrechte und es ist unmöglich, beliebig viele Gesellschafter in einer Geschäftsleitung tätig mitwirken zu lassen. Ein weiteres Problem ist die Harmonie der Gesellschafter.
— Die Gesellschafter haften unbeschränkt und gesamtschuldnerisch. Ein neu aufzunehmender Gesellschafter muß auch die Haftung für bereits bestehende Verbindlichkeiten übernehmen.
— Gesellschafter sind zur Mitarbeit verpflichtet und unterliegen einem Wettbewerbsverbot.

Der Kreis der Gesellschafter, die für eine Beschaffung von Beteiligungskapital in Frage kommen, wird stets relativ klein sein. Als Ausweg bleibt daher einer OHG nur, entweder einen Stillen Gesellschafter aufzunehmen oder die Rechtsform zu ändern und die Gesellschaft in eine KG umzuwandeln.

d) Die Kommanditgesellschaft
Die Kommanditgesellschaft kann von ihrer Konstruktion her mehr Beteiligungskapital erlangen als die Offene Handelsgesellschaft.

Die Gesellschafter werden in zwei Gruppen eingeteilt: solche, die persönlich mit ihrem Geschäfts- und Privatvermögen voll haften und an der Geschäftsleitung mitwirken (Komplementär), solche, die nur eine Kapitaleinlage tätigen, eine gewisse Kontrolle ausüben können und ihre Haftung auf die Einlage beschränken (Kommanditisten).

Die Gesellschaft kann natürlich Komplementäre als neue Gesellschafter aufnehmen, wobei alle Probleme auftreten, die bei der OHG dargelegt wurden.

Die juristische Form der Kommanditgesellschaft wird im Hinblick auf die Finanzierung gewählt, wenn das Eigenkapital der Komplementäre nicht ausreicht.

Der Kommanditist erweitert die Kapitalbasis. Damit hat die Gesellschaft gute Möglichkeiten der Beteiligungsfinanzierung, weil die Komplementäre kaum eine Verschiebung der Machtverhältnisse hinnehmen müssen, die Kommanditisten zahlenmäßig nicht begrenzt sind und keinen Verlust ihres gesamten Vermögens befürchten müssen.

3.1.2 Beteiligungsfinanzierung der Gesellschaft mit beschränkter Haftung (GmbH)

Das Eigenkapital der GmbH besteht aus dem Kapital der Gesellschafter (Stammkapital), dem Nachschußkapital der Gesellschafter, den Rücklagen und dem Gewinnvortrag abzüglich dem noch nicht eingezahlten Kapital und einen Verlustvortrag.

Bei der GmbH ist der Gesellschafter in erster Linie Kapitalgeber. Der Kreis der Gesellschafter ist theoretisch unbeschränkt. Die Leitung ist nicht unbedingt an die Personen von Gesellschaftern gebunden.

Tatsächlich sind bei der GmbH aber persönliche Bindungen vorhanden. Gesellschafter sind häufig als Geschäfsführer tätig. Im Gesellschaftsvertrag werden Erschwerungen über die gesetzlichen Regelungen hinaus vorgesehen, die den Kreis der Gesellschafter bewußt klein halten. Viele Gesellschaften haben die Rechtsform der GmbH aus Gründen gewählt, die nicht mit der Finanzierung zu tun haben.

Die Beteiligungsfinanzierung bei der GmbH erfolgt durch *Aufnahme eines weiteren Gesellschafters* oder durch *Erhöhung der Einlagen der beteiligten Gesellschafter.*

Dazu ist notwendig:
— die Änderung des Gesellschaftsvertrags mit 3/4 Mehrheit und notarieller Beurkundung (§ 53 GmbHG),
— die Eintragung der Änderung ins Handelsregister (§ 54 GmbHG),
— eine noratiell beglaubigte Erklärung des Eintretenden, daß er eine Stammeinlage übernimmt (§ 55 GmbHG),
— die Eintragung der vollzogenen Kapitalerhöhung im Handelsregister (§ 57 GmbHG),
— die Veröffentlichung der Handelsregistereintragungen.

Die Kapitalerhöhung ist also an strenge Formvorschriften gebunden, die Kosten verursachen. Dafür steht das Kapital der Gesellschaft dauerhaft zur Verfügung, denn eine Kündigung des Beteiligungsverhältnisses ist nicht möglich und ein Verkauf des Anteils ist an die Genehmigung durch die GmbH gebunden.

Eine weitere Finanzierungsmöglichkeit ist die *Nachschußpflicht*. Der Gesellschaftsvertrag kann vorsehen, daß die Gesellschafter über ihre Stammeinlage hinaus zu beschränkten oder unbeschränkten Nachschußzahlungen verpflichtet sind. Im Gegensatz zum Stammkapital sind aber die Nachschüsse veränderliche Größen, weil sie je nach Liquiditätslage wieder an die Gesellschafter zurückgezahlt werden können. Nachschüsse geben der Geschäftsführung freie Hand, im Bedarfsfalle zusätzliches Kapital heranzuziehen und es bei besserer Liquiditätslage ohne große Umstände wieder abzustoßen. Dadurch kann sich die Gesellschaft relativ gut Veränderungen anpassen.

Für den einzelnen Gesellschafter ist die Nachschußpflicht auch eine Gefahr, kann oder will er sich nämlich nicht daran beteiligen, muß er auf seinen Geschäftsteil verzichten.

Als dritter Weg bietet sich die *Ausgabe von Genußscheinen* an. Sie werden in schlechten Zeiten ausgegeben und verbriefen eine meist bevorzugte Beteiligung am Reingewinn und am Liquidationserlös. Die aufgrund von Genußscheinen zufließenden Gelder haben Eigenkapitalcharakter. Damit sind die Möglichkeiten der Beteiligungsfinanzierung bei der GmbH erschöpft.

3.1.3 Unternehmensbeteiligungsgesellschaften

Klein- und Mittelbetriebe, die in der Regel nicht emissionsfähig sind, stehen oft vor schwierigen Problemen, zusätzliches Eigenkapital aufzunehmen, wenn die Aufnahme weiterer Gesellschafter ausscheidet.

Eine Alternative bieten hier Unternehmensbeteiligungsgesellschaften. Sie bieten Minderheitsbeteiligungen auf begrenzte Zeit (10 — 15 Jahre) an und übernehmen noch zusätzlich Beratungsfunktionen.

Die Mittel stammen aus staatlichen Programmen und von den Anteilseignern der Beteiligungsgesellschaft — in der Regel sind dies Kreditinstitute.

Als Beteiligungsunternehmer kommen grundsätzlich nur gesunde Unternehmungen mit guten Ertrags- und Wachstumsaussichten in Frage. Die Beteiligungen werden aus Risikogründen als Kommanditeinlage oder stille Beteiligung gewährt und beginnen bei mindestens 500.000 DM. Meist wird ein am Kapitalmarkt orientierter fester Gewinnbestandteil vereinbart.

Darüber hinaus wird eine variable Verzinsung festgelegt, die von der Höhe des Restgewinns abhängig ist.

3.1.4 Beteiligungsfinanzierung bei der Genossenschaft

Bei Genossenschaften steht nicht das Kapital im Vordergrund sondern die zu einem Wirtschaftsbetrieb zusammengeschlossenen Personen, die Genossen. Ihr Eigenkapital setzt sich aus den Geschäftsanteilen (der Genossen) zusammen, die aus den Einzahlungen sowie der Gewinn- oder Verlustrechnung bestehen. Darüber hinaus kann ein Reservefonds gebildet werden, der durch Einbehaltung von Gewinnen entsteht. Wenn auch der einzelne Geschäftsanteil nur einen verhältnismäßig geringen Betrag ausmacht, können manche Genossenschaften durch viele Mitglieder ganz erhebliche Kapitalien aufbringen.

Die Eigenkapitalerhöhung ist auf dreierlei Art und Weise möglich:
— durch Erhöhung der Geschäftsanteile,
— durch Verpflichtung der Genossen, rückständige Einzahlungen auf den Geschäftsanteil voll zu leisten,
— durch Vermehrung der Geschäftsanteile (Werbung neuer Genossen bzw. Übernahme zusätzlicher Geschäftsanteile durch die vorhandenen Genossen.

Die Beteiligung an einer Genossenschaft ist für einen Kapitalanleger nur interessant, wenn er auch die genossenschaftlichen Einrichtungen und Dienste in Anspruch nimmt. Aus diesem Grunde kann das Statut der Genossenschaft bestimmen, daß sich die Genossen mit mehreren Anteilen zu beteiligen haben (Pflichtbeteiligung). Die Höhe kann entsprechend der Inanspruchnahme von Leistungen festgesetzt werden.

Beispiel: Bei einer Raiffeisengenossenschaft (land. Lagerhausgenossenschaft) dürfen pro Geschäftsanteil nur x Zentner Kartoffeln abgeliefert werden. Wer mehr abliefern möchte, muß weitere Geschäftsanteile übernehmen.

3.1.5 Beteiligungsfinanzierung bei Aktiengesellschaften

3.1.5.1 Situation der Aktiengesellschaft

Das Eigenkapital einer Aktiengesellschaft besteht im wesentlichen aus dem Grundkapital, das durch Aktien verbrieft ist, und den Rücklagen.

Die Beteiligungsfinanzierung einer AG erfolgt auf dem Wege der Kapitalerhöhung, wobei das Aktiengesetz zwischen der Kapitalerhöhung gegen Einlagen, der Kapitalerhöhung aus Gesellschaftsmitteln, der genehmigten und der bedinten Kapitalerhöhung unterscheidet.

Die Aktiengesellschaft hat Zugang zum organisierten Kapitalmarkt (Börse) und kann daher auf ein breit gestreutes Publikum einwirken.

Die Stückelung des benötigten Kapitals in kleinste Einheiten (DM 50,—) ermöglicht allen Bevölkerungsschichten eine Beteiligung.

Der Aktionär wird bei seiner Anlage als positiv empfinden:
— daß seine Anteile anonym kaufen und verkaufen kann,
— daß die Haftung auf die Aktie beschränkt ist,
— daß strenge Rechtsvorschriften zum Schutz der Gläubiger existieren.

3.1.5.2 Gründe für Kapitalerhöhungen

Die Gründe für eine Erhöhung des Grundkapitals bei der AG können verschiedener Art sein:
— Erweiterung der Haftungsbasis,
— Verbesserung der Liquiditätssituation,
— Kapazitätsausweitung,
— Rationalisierungsmaßnahmen mit den Zielen: Sicherung des Betriebsablaufs, Verbesserung der Kostensituation, Sicherung oder Verbesserung der Rentabilität,
— Berichtigung des Kapitals (bei der Kapitalerhöhung aus Gesellschaftsmitteln).

3.1.5.3 Die Kapitalerhöhung als Außenfinanzierung

a) Die Kapitalerhöhung gegen Einlagen (§§ 182 — 191 AktG)

ist das Hauptinstrument der Eigenkapitalbeschaffung. Die Grenze nach oben liegt prinzipiell nur bei der Aufnahmefähigkeit des Kapitalmarktes. Durch die Ausgabe neuer (= junger) Aktien fließen der Gesellschaft liquide Mittel zu.

Die rechtliche Voraussetzung ist ein entsprechender Beschluß der Hauptversammlung, für den sich mindestens 3/4 des vertretenen Grundkapitals entscheiden müssen, falls die Satzung nicht noch eine höhere Mehrheit vorsieht.

Da die ordentliche Hauptversammlung nur einmal im Jahr zusammenkommt, kann eine Beteiligungsfinanzierung kurzfristig nicht realisiert werden.

Die Zeichnung der jungen Aktien geschieht durch schriftliche Erklärung (Zeich-

58

nungsschein). Die Ausgabe (Emission) muß mindestens zu 100 % (pari) erfolgen. Diese Auflagen verursachen erhebliche Aufwendungen bei jeder Kapitalerhöhung: z.b.

- Durchführung einer Hauptversammlung,
- Protokollierung des Kapitalerhöhungsbeschlusses,
- Eintragung ins Handelsregister und Veröffentlichung,
- Zeitungsanzeigen mit Aufforderung zur Zeichnung junger Aktien, Prospekt,
- Druck- und Emissionskosten für die Aktien,
- Börseneinführung,
- Gesellschaftssteuer,
- Provisionen an Banken.

Weil viele dieser Aufwendungen unabhängig von der Höhe des Kapitalbetrages anfallen, lohnt dieses Verfahren erst ab ca. 50 Millionen.

Den Aktionären steht zunächst ein *gesetzliches Bezugsrecht* auf junge Aktien zu (§ 186). Sie sollen damit die Chance erhalten, junge Aktien entsprechend ihrem bisherigen Anteil am Grundkapital zu erwerben.

In der Praxis wird das gesetzliche Bezugsrecht immer häufiger ausgeschlossen (durch Hauptversammlung mit 3/4 Mehrheit) und durch ein mittelbares Bezugsrecht ersetzt, denn die jungen Aktien werden bei der Emission von einem Bankenkonsortium übernommen, welches den Erstbezug den Aktionären anbietet.

Erst die nicht von den Aktionären bezogenen jungen Aktien werden am Kapitalmarkt untergebracht.

Aktionäre, die ihre Bezugsrecht nicht in Anspruch nehmen wollen, können diese auf dem Kapitalmarkt zum Verkauf anbieten (Bezugshandel). Der Kurs der Bezugsrechte richtet sich nach Angebot und Nachfrage.

Bezugskurs
Ein besonderes Problem ist es, den Bezugskurs der jungen Aktien richtig festzulegen. Je höher dieser Kurs ist, desto größer ist der Finanzierungseffekt. Der Nachteil besteht aber darin, daß sich die Beteiligungsquoten der Altaktionäre verschlechtern. Können sie nämlich das notwendige Geld zum Kauf junger Aktien nicht aufbringen, müssen sie die Bezugsrechte verkaufen. Ihr relativer Anteil am Eigenkapital sinkt. Aktionäre, insbesondere Großaktionäre, deren Beteiligungsquoten durch eine Kapitalerhöhung sinken, werden daher nie einer solchen Maßnahme zustimmen.

Niedrige Bezugskurse erleichtern zwar die Ausübung der Bezugsrechte, lassen aber weniger Mittel zufließen. Der Betrag einer Kapitalerhöhung muß daher höher angesetzt werden, um einen ausreichenden Finanzierungseffekt zu erzielen. Sehr niedrige oder gar Pari-Bezugskurse werden nur verwendet, wenn man die Kapitalerhöhung nicht unter finanzwirtschaftlichen Gesichtspunkten durchführt, z.B. Dividendenoptik o.ä.

Nach fast jeder Emission sinkt der Börsenkurs der alten Aktien, weil die jungen Aktien sowohl an den Rücklagen als auch an den stillen Reserven teilhaben.

Einen gewissen Ausgleich für diesen Wertverlust soll auch das Bezugsrecht bieten.

b) Die bedingte Kapitalerhöhung (§§ 192 — 201 AktG)
Die Kapitalerhöhung wird durch die Hauptversammlung beschlossen, die Durchführung ist aber von Bedingungen abhängig wie:
— Ausübung des Umtausch- bzw. Bezugsrechts der Wandel- bzw. Bezugsrechtsobligationäre,
— Gewährung von Bezugsrechten an die Arbeitnehmer der Gesellschaft,
— Vorbereitung einer Fusion.

Der Nennbetrag des bedingten Kapitals darf 50 % des bisherigen Grundkapitals nicht übersteigen. Das Bezugsrecht wird durch Hauptversammlungsbeschluß ausgeschlossen.

c) Die genehmigte Kapitalerhöhung (§§ 202 — 206 AktG)
Die Hauptversammlung ermächtigt den Vorstand, in Zukunft das Grundkapital durch Ausgabe junger Aktien gegen Einlagen zu erhöhen. Den Zeitpunkt wählt der Vorstand, damit er auch kurzfristig sich bietende Gelegenheiten ausnutzen kann. Die Ermächtigung gilt längstens 5 Jahre und für höchstens bis zu 50 % des bisherigen Grundkapitals. Hiermit hat die Gesellschaft einen Finanzierungsspielraum geschaffen, der sich zwar nicht unmittelbar auf dem Markt, wohl aber im eigenen Hause auswirkt. Bei Bedarf kann sofort finanziert werden, ohne daß die zeitraubende Prozedur einer Hauptversammlung notwendig wird.

3.1.5.4 Die Kapitalerhöhung aus Gesellschaftsmitteln (§§ 207 — 220 AktG)

Rücklagen werden in Grundkapital umgewandelt. Die freien Rücklagen können in voller Höhe umgewandelt werden, die gesetzlichen nur insoweit, als sie 10 % (oder einen eventuell in der Satzung bestimmten höheren Teil) des bisherigen Grundkapitals nicht beeinträchtigen.

Ein Finanzierungseffekt entsteht nicht. Die Formulierung „aus Gesellschaftsmitteln" ist irreführend. Bei dieser Kapitalerhöhung werden keine Zahlungsmittel bewegt. Die Aktivseite der Bilanz wird von dieser Maßnahme nicht berührt, es vollzieht sich ein reiner Passivtausch.

3.1.5.5 Die Kapitalherabsetzung

Bei der Kapitalherabsetzung wird das Grundkapital aufgrund eines Beschlusses der Hauptversammlung vermindert. Da sie im allgemeinen der Sanierung dient, (Unterbilanzen werden beseitigt) wird sie zugleich mit einer Kapitalerhöhung gegen Einlagen verknüpft, um der Gesellschaft die notwendigen liquiden Mittel zu verschaffen.

Im einzelnen sieht das Aktiengesetz folgende Möglichkeiten vor:

a) Ordentliche Kapitalherabsetzung (§§ 222 – 228 AktG)
Es ist ein Beschluß der Hauptversammlung mit 3/4 Mehrheit erforderlich. Der Beschluß muß zur Eintragung in das Handelsregister angemeldet werden. Er wird mit der Eintragung wirksam. Die Aktien werden entweder in ihrem Nennwert herabgesetzt (herabgestempelt), jede Aktie muß mindestens DM 50. – betragen; oder sie werden zusammengelegt. Z.B. ein Aktionär muß zwei Aktien der AG einreichen und bekommt nur eine Aktie zurück. Die Zusammenlegung kommt dann in Frage, wenn durch die Nennwertherabsetzung der Nennbetrag DM 50. – unterschreiten würde.

Es ist auch eine Kombination der beiden obigen Fälle möglich, wobei die Aktionäre Einlagen leisten.

b) Vereinfachte Kapitalherabsetzung (§§ 229 – 236 AktG)
ist eine formelle Sanierungsmaßnahme, daher wird sie zum Ausgleich von Wertminderungen, zur Deckung sonstiger Verluste oder zur Einstellung von Beträgen in die gesetzlichen Rücklagen durchgeführt.

Sie ist nur zulässig, wenn der über 10 % des verbleibenden Grundkapitals hinausgehende Betrag der gesetzlichen Rücklagen und die gesamten, freien Rücklagen vorweg aufgelöst worden sind. Außerdem darf kein Gewinnvortrag vorhanden sein. Gewinne dürfen in den beiden ersten Jahren nach der Kapitalherabsetzung nur bis zu 4 % ausgeschüttet werden. Die Formvorschriften für die ordentliche Kapitalherabsetzung gelten für die vereinfachte Kapitalherabsetzung sinngemäß.

c) Kapitalherabsetzung durch Einziehung von Aktien (§§ 237 – 239 AktG)
Aktien können zwangsweise oder nach Erwerb durch die Gesellschaft eingezogen werden. Von der vereinfachten Kapitalherabsetzung unterscheidet sich die Kapitalherabsetzung durch Einziehung von Aktien dadurch, daß nicht alle Aktionäre gleichmäßig betroffen werden.

3.1.5.6 Die Aktie als Instrument der Beteiligungsfinanzierung

Die Aktie verbrieft ein Mitgliedschaftsrecht des Aktionärs an der Gesellschaft. Der Aktionär hat einen Anteil an der vorhandenen Substanz:
— am Reinvermögen,
— am Liquidationserlös,
— am Vermögenszuwachs,
— am Gewinn.

Durch das Stimmrecht auf der Hauptversammlung nimmt der Aktionär an der Willensbildung der Gesellschaft teil. Die Aktien bestehen aus dem Mantel, d.h. der eigentlichen Urkunde und dem Bogen mit den Dividendenscheinen (Kupons) und den Erneuerungsscheinen (Talons), die zum Bezug eines neuen Bogens berechtigen (siehe Abb. 15).

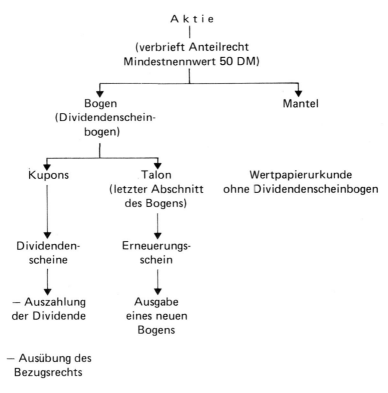

Abb. 15: Bestandteil der Aktie

a) Aktienformen

Die Nennwert- oder Nominalaktien lauten auf einen bestimmten Nennbetrag, mindestens DM 50,—. Bei höheren Werten müssen die Nennbeträge durch 100 teilbar sein.

Nennwertaktien sind die nach deutschem Recht zulässigen Aktien. Sie dürfen nur zum Nennbetrag oder zu einem höheren Betrag abgegeben werden. Das Agio (Aufgeld) muß dabei den gesetzlichen Rücklagen zugeführt werden.

Quoten- oder Anteilsaktien haben keinen Nennwert. Sie verbriefen einen quotalen Anteil am Reinvermögen der Gesellschaft, z. B. 1/10 000.

In Deutschland sind diese Aktien verboten, in den USA aber sehr weit verbreitet.

Stammaktien sind die in Deutschland normalerweise vorkommenden Anteilspapiere. Sie basieren auf dem Prinzip der Gleichberechtigung z.B. gleiches Stimmrecht auf der Hauptversammlung, gleicher Gewinnanteil, gleicher Anteil am Liquidationserlös.

Vorzugsaktien räumen dem Aktionär einen besonderen Anspruch ein, z.B. Dividende, Stimmrecht, Liquidationserlös.

In Deutschland gibt es im wesentlichen Dividendenvorzüge:
— *Vorzugsaktien mit bevorrechtigtem Dividentenanspruch,* d.h. vor Dividendenausschüttung an die Stammaktionäre wird den Vorzugsaktionären eine Vorzugsdividende gezahlt. So sind auch bei geringem Gewinn die Dividenden gesichert, während für die Stammaktionäre nur wenig oder nichts bleibt.
— *Limitierte Vorzugsaktien*
  Hier ist die Vorzugsdividende auf einen bestimmten Höchstbetrag festgesetzt. Bei schlechter Ertragslage ist diese Aktie vorteilhaft. Höhere Gewinne kommen den Aktionären aber nicht zugute, weil alle Erträge, die über das Limit hinausgehen, nur den Stammaktionären zufließen.
— *Kumulative Vorzugsaktien* haben eine garantierte Mindestverzinsung.
— *Vorzugsaktien mit Superdividende* erhalten grundsätzlich einen bestimmten Prozentsatz mehr an Dividende als die Stammaktionäre.

Dividendenvorzugsaktien haben in vielen Fällen kein Stimmrecht. Daneben gibt es auch Vorzugsaktien, die ein mehrfaches Stimmrecht sichern. Mehrfachstimmrechte sind jedoch nur in Ausnahmefällen zulässig, wenn überwiegend gesamtwirtschaftliche Belange dies erforderlich machen, oder wenn aus früheren Zeiten noch Mehrstimmrechtsaktien vorhanden sind.

Namensaktien tragen den Namen des Aktionärs, dieser ist im Aktienbuch der Gesellschaft eingetragen. Die Übertragung ist durch Indossament und Übergabe möglich. Darüber hinaus ist eine Umschreibung im Aktienbuch notwendig.

Bei vinkulierten Namensaktien ist die Übertragung an die Zustimmung der Gesellschaft gebunden.
Inhaberaktien sind die verbreiteste Form der Aktie in Deutschland. Die Übertragung geschieht formlos durch Einigung und Übergabe.
Eigene Aktien dürfen von der Gesellschaft grundsätzlich nicht erworben werden (Gläubigerschutz). Ausnahmen sind möglich:
— Zur Abwendung eines schweren Schadens von der Gesellschaft z.b. Kursverfall,
— wenn die Aktien den Arbeitnehmern angeboten werden,
— wenn Minderheitsaktionäre abgefunden werden, z.b. Erwerb einer anderen AG,
— bei unentgeltlichem Erwerb,
— zur Herabsetzung des Grundkapitals zwecks Sanierung.

Vorratsaktien werden über den gegenwärtigen Kapitalbedarf der AG hinaus geschaffen und von einem Dritten oder von einem Treuhänder für Rechnung der Gesellschaft übernommen.
Dem Übernehmer stehen aber keinerlei Rechte aus den Aktien zu, solange er sie nicht für eigene Rechnung erworben hat.

b) Die Emission von Aktien
(1) Selbstemission
Die Aktiengesellschaft bringt ihre Aktien direkt an die Aktionäre (in Deutschland nicht üblich). Selbstemission ist erheblich billiger als die Emission durch Banken. Der Nachteil besteht darin, daß die Geldmittel nur sukzessive zufließen. Die Gesellschaft trägt auch das Risiko. Meistens fehlt zudem eine entsprechende Emissionserfahrung.

(2) Fremdemission
Hier wird ein Bankenkonsortium eingeschaltet, welches den Absatz durchführt. Unter Umständen erhält der Emittent einen Emissionskredit.
Die Gesellschaft hat vom ersten Tag an den gesamten Emissionsbetrag zur Verfügung. Den Konsortialbanken ist hierfür eine Provision zu zahlen.
Die Emission geschieht:
— durch Auflegung zur Zeichnung,
— durch freihändigen Verkauf,
— durch Vertrieb unter der Hand (in Deutschland nicht üblich).

c) Der Aktienkurs
Der Aktienkurs wird bei börsennotierten Papieren durch Angebot und Nachfrage bestimmt.
Faktoren hierfür sind:

(1) *Der Bilanzkurs*
wird durch die Formel:

$$\frac{\text{bilanziertes Eigenkapital (Grundkapital + offene RL)}}{\text{Grundkapital}} \times 100$$

bestimmt.

Unter Berücksichtigung, daß durch Unterbewertung von Vermögensteilen stille Rücklagen geschaffen worden sind, muß der Bilanzkurs korrigiert werden.

Korrigierter Bilanzkurs

$$= \frac{\text{bilanzielles Eigenkapital + stille Rücklagen}}{\text{Grundkapital}} \times 100$$

(2) *Ertragsaussichten* (Dividendenerwartung)
Manche Gesellschaften bemühen sich über mehrere Jahre eine gleichbleibende Dividende aufrechtzuerhalten (Dividendenkontinuität). Weil die Dividende Fixkostencharakter hat, wird die Ausschüttung nie zu hoch liegen und sich an einem langfristigen Gewinntrend orientieren.

(3) *Kapitalangebot des Kapitalmarktes*
(Zinsniveau)

(4) *Spekulationen*
(Kleinspekulationen)

(5) *Fusionsbestrebungen.*

Die Akionäre erhalten eine wertpapierrechtliche Verbriefung ihrer Beteiligung. Ihre Anteile, d.h. die Aktien sind sehr leicht übertragbar, weil man sie jederzeit an der Börse verkaufen kann.
Die Aktiengesellschaft eignet sich daher für ein breites Anlagepublikum und zur Aufbringung größerer Kapitalien.

3.1.6 Buy-Out Finanzierung

Als Sonderform der Beteiligungsfinanzierung hat sich das Buy-Out auch in Deutschland rasch verbreitet und gewinnt immer mehr Bedeutung. Hierunter versteht man den Ausverkauf der bisherigen Eigentümer (u. U. Austausch des Managements) einer Unternehmung im Rahmen von Übernahmen.

Man unterscheidet:

— Den Leveraged Buy Out (LBO)
  als finanzielle Maßnahme (financial LBO);
  zur Liquidation, Zertrümmerung und zum Ausverkauf einer Unternehmung;
  als industrielle Maßnahme (industrial LBO) zur Weiterführung der Unternehmung über Integration in einen Konzern bzw. Restrukturierung und Sanierung.

— Den Management Buy Out (MBO)
  als unternehmerische Maßnahme, d. h. Übernahme durch das bisherige Management zur Unternehmensfortführung.

Finanzierungstechnik:
Die Investoren eines Buy-Out sind meist das bisherige Top-Management und/oder externe Kapitalgeber, d. h. Banken, institutionelle Anleger und auf LBO spezialisierte Investoren.

Der Kauf wird durch Kredite finanziert, die durch die Aktiva des aufzukaufenden Unternehmens besichert werden (sollen). Da das eingesetzte Eigenkapital meist nur sehr gering ist — i. d. R. höchstens 10 % — wird dieses durch Eigenkapitalersatz, das sog. Mezzanine-Kapital ergänzt. Diese Mittel bleiben unbesichert und rangieren hinter dem Fremdkapital. Oft existieren mehrere Mezzanine-Schichten mit abgestufter Nachrangigkeit (in den USA bis zu 10 Schichten). Kapitalquellen für Mezzanine-Kapital sind Banken, Kapitalsammelstellen und Einzelinvestoren.

Die Technik basiert auf einem Kredithebel (Leverage), der den Ankauf ermöglicht. Nach geglückter Übernahme wird die Unternehmung restrukturiert. Der dann kräftig verbesserte Cash-Flow sowie der Erlös aus der Veräußerung von Unternehmensanteilen, die nicht mehr benötigt werden, soll die Rückführung der Verbindlichkeiten ermöglichen.

Wiederholungsfragen zu C 3.1 (Beteiligungsfinanzierung)

1. *Wie kann das Kapital im Wege der Beteiligungsfinanzierung der kapitalsuchenden Betriebswirtschaft zugeführt werden?*

2. *Welche Konsequenzen ergeben sich für die kapitalsuchende Betriebswirtschaft, wenn sie Beteiligungsfinanzierung praktiziert?*

3. *Welche Stellung hat ein stiller Gesellschafter im Konkursfall?*

4. *Erläutern Sie die Unterschiede zwischen der Beteiligungsfinanzierung einer OHG und einer KG hinsichtlich der Haftung der Gesellschafter!*

5. *Welche Möglichkeiten der Kapitalerhöhung sieht das Aktiengesetz vor?*

6. *Welche Rechte verbrieft eine normale Stammaktie?*

7. *Welche Begrenzung kennt das Aktiengesetz für das genehmigte Kapital?*

8. *Können alle Rücklagen bei der Kapitalerhöhung aus Gesellschaftsmitteln in Grundkapital umgewandelt werden?*

9. *In welchen Bilanzpositionen wird bei einer Aktiengesellschaft das Eigenkapital ausgewiesen?*

10. Was versteht man unter einem Bezugsrecht, wer erhält es und wofür wird es gewährt?

11. Welche Arten von Aktienemissionen kennen Sie?

12. Welche Möglichkeiten der Kapitalherabsetzung sieht das Aktiengesetz vor?

3.2 Die Kreditfinanzierung

Unter Kreditfinanzierung versteht man die Kapitalbeschaffung durch Aufnahme von Fremdkapital (Inanspruchnahme von Kredit). Die Gläubiger stellen dabei ihr Kapital für eine genau vereinbarte Zeit, gegen feste Verzinsung und ausreichende Sicherheit zur Verfügung. Grundlage eines Kredits ist das Vertrauen, das in die Zahlungswilligkeit und in die Zahlungsfähigkeit des Kreditnehmers gesetzt wird. Der Begriff Kreditfinanzierung deckt sich daher in vollem Umfang mit anderen in der Literatur gebrauchten Bezeichnungen wie: Fremdfinanzierung, Verschuldungsfinanzierung, Beleihungsfinanzierung u. ä.

Bevor eine Betriebswirtschaft die benötigten Kredite erhält, werden die Gläubiger im Wege einer eingehenden Prüfung das Risiko der Kreditvergabe festellen. Dabei werden die persönlichen, wirtschaftlichen und rechtllichen Verhältnisse des künftigen Schuldners gründlich untersucht, weil die Gläubiger im Normalfall keine Möglichkeit haben, später auf den Geschäftsablauf direkt einzuwirken. Den Gläubiger interessiert bei dieser Prüfung:
- Wert und Zusammensetzung des vorhandenen Vermögens,
- Höhe des Eigenkapitals und der Schulden,
- Entwicklung, Auftragslage und Erfolgsaussichten,
- Bestands-, Umsatz- und Ertragskennziffern im Vergleich mit Durchschnittswerten der Branche,
- Haftungsverhältnisse,
- Vertrauenswürdigkeit und Tüchtigkeit des Schuldners,
- Kreditverwendung.

Wichtig ist auch das Firmen-Image. Erfahrungsgemäß haben es alteingesessene Firmen mit einem langjährigen Kontakt zum Kreditgeber leichter bei der Kreditaufnahme als Branchenneulinge. Daher sollte man seine Beziehungen zu den Kreditgebern ebenso sorgfältig pflegen, wie dies Kunden und der Öffentlichkeit gegenüber geschieht.

Vor- und Nachteile der Kreditfinanzierung
Generelle Vorteile:
— keine Neuaufnahmen von Gesellschaftern erforderlich, d. h. keine Machtverlagerung, keine Mitspracherechte, keine besonderen Informationsrechte,
— Zinsen sind steuerlich abzugsfähige Betriebsausgaben,
— keine Gewinnbeteiligung, keine Beteiligung am Liquiditätserlös,
— schwankender Bedarf kann leicht und relativ kurzfristig ausgeglichen werden.

Generelle Nachteile
— feste Liquiditätsbelastung durch Zinszahlung und Tilgung,
— Kündigung durch den Gläubiger ist auch vor Ablauf der Zeit möglich,
— Sicherheitsleistungen sind erforderlich,
— der Einsatz des Kapitals wird häufig genau festgelegt,
— Fremdkapital nimmt nicht freiwillig am Verlust teil (nur bei einem Vergleich oder im Konkursfall).

3.2.1 Die Kreditsicherheiten

Zur Sicherung von Krediten gibt es die Personal- und die Realsicherheiten.

3.2.1.1 Die Personalsicherheiten

Eine personale Sicherung ist besonders für kurzfristige Kredite geeignet.

a) Der reine Personalkredit (einfache persönliche Sicherheit) wird nach sorgfältiger Prüfung des Kreditnehmers eingeräumt. Er beruht auf dem Vertrauen in die Haftungsfähigkeit und Ehrenhaftigkeit des Kreditnehmers sowie in die geordneten Vermögensverhältnisse und die guten Zukunftsaussichten seiner Firma. Einzige Sicherheit des Kreditgebers ist die Ertragskraft und im Konkursfall das unbelastete und nicht durch bevorrechtigte Gläubiger blockierte Vermögen des Schuldners.

b) Die Bürgschaft
Verstärkt wird die einfache persönliche Sicherheit durch die Einschaltung eines Bürgen.
Zwischen dem Kreditgeber und dem Bürgen wird ein Vertrag abgeschlossen (§ 765 BGB). Schriftform ist zwingend vorgeschrieben (§ 766 BGB). Nur Vollkaufleute können sich auch mündlich verbürgen (§ 530 HGB).
Die Banken akzeptieren aus Beweisgründen auch von Kaufleuten nur schriftliche Bürgschaften. Des weiteren wird auf selbstschuldnerische Bürgschaften Wert

gelegt, damit nicht vor Inanspruchnahme des Bürgen erst eine Zwangsvollstrek-
kung in das Vermögen des Schuldners erfolglos versucht werden muß. In letzter
Zeit gewährt die öffentliche Hand (Bund und Länder) notleidenden Firmen bzw.
Branchen Hilfe durch Übernahme von Bürgschaften.

c) Die Schuldübernahme ist ein formloser Vertrag, kraft dessen ein Dritter
(Schuldübernehmer) die Verbindlichkeit des Kreditnehmers übernimmt. Der
Schuldübernehmer haftet dabei mit dem Kreditnehmer gesamtschuldnerisch.
Der Vertrag wird häufig zwischen Gläubiger und Schuldübernehmer geschlossen.

d) Die Garantie
Der Garantievertrag ist nicht gesetzlich geregelt. Von der Bürgschaft unterscheidet
er sich dadurch, daß hier eine selbständige, von der Verpflichtung des Schuldners
losgelöste Haftung begründet wird, einen bestimmten Erfolg bzw. den Nichtein-
tritt eines möglichen Schadens zu garantieren. Der Garant muß auch dann zahlen, wenn die Verpflichtung des eigentlichen Schuldners aus rechtlichen Gründen
entfällt. Garatien werden meistens von Banken übernommen und zwar in der
Form einer Ausschreibungs-, Bietungs-, Anzahlungs-, Liefer- und Leistungsgarantie.

e) Die Kreditleihe
Die Kreditleihe selbst ist keine Kreditsicherheit, sondern ein Mittel zur Beschaffung von Kreditsicherheiten. Reichen die einfachen persönlichen Sicherheiten
nicht aus und sind zusätzliche Sicherheiten (z.B. Forderungen, bewegliche und
unbewegliche Sachen) nicht oder nicht in ausreichendem Maße verfügbar, müssen
diese im Wege der Leihe beschafft werden: z.B. Wechselunterschriften, Bürg-
schaftsübernahmen, Akkreditivstellungen, Ausführung von Kreditaufträgen. Die
Kreditleihe verbessert die Kreditwürdigkeit eines Schuldners. Natürlich wird auch
der Kreditverleiher von seinem Kreditnehmer Sicherheiten verlangen.

f) Beim Kreditauftrag erteilt der Auftraggeber (meist ist es eine Bank) einem anderen den Auftrag, einem Dritten d.h. einem Kunden der Bank im eigenen Namen und für eigene Rechnung Kredit zu gewähren.

Der Auftraggeber haftet dem Kreditgeber für die entstandenen Forderungen wie
ein Bürge.

Diese Form der Sicherheit kommt hauptsächlich im Außenhandel vor:
z.B. wenn die Bank des Importeurs nicht ausreichend bekannt und der Bank des
Exporteurs nicht kreditwürdig genug ist, beantragt der Importeur einen Kreditauftrag seiner Bank für eine international bekannte Bank. Diese Bank akzeptiert
daraufhin u.a. die Ziehung eines Wechsels des Importeurs für dessen Rechnung.

Für die Kreditleihe zahlt der Schuldner keine Zinsen, sondern eine Provision,
die wesentlich unter den Zinssätzen für Geldkredite liegt.

3.2.1.2 Sicherheiten an beweglichen Sachen und Rechten

Diese Sicherung ist je nach Wertbeständigkeit des Sicherheitsobjekts für mittel- und langfristige Kredite geeignet.

Bei beweglichen Sachen ist die Verpfändung, die Sicherungsübereignung und der Eigentumsvorbehalt möglich, bei Rechten die Verpfändung und die Abtretung.

a) Die Verpfändung (Lombardierung) ist bei allen beweglichen Sachen möglich, die:
— wertbeständig sind,
— der Schuldner entbehren kann,
— der Gläubiger einlagern kann,
— im Notfall schnell in Geld umwandelbar sind.
Hauptsächlich kommen Wertpapiere, Edelmetalle, Schmuck, Kunstgegenstände und Forderungen in Frage.

Ein Pfandrecht wird dadurch bestellt, daß die verpfändete Sache in den Besitz des Gläubigers übergeben wird. Betriebsnotwendiges Vermögen kann daher nur in Ausnahmefällen verpfändet werden, weil es zur Fortführung der Geschäfte beim Schuldner gebraucht wird.

Bei Verpfändung von Warenvorräten ist die Einlagerung in einem Lagerhaus möglich, wobei der Lagerschein an den Gläubiger übergeben wird. Auch wäre die Lagerung in einem Sonderlager des Schuldners denkbar, wobei Gläubiger und Schuldner gemeinsam den Verschluß des Lagers sicherstellen. In beiden Fällen können Waren nur mit Zustimmung des Gläubigers entnommen werden.

b) Die Sicherungsübereignung
Die Verpfändung ist für die Praxis der Absicherung von Krediten ausgesprochen schwerfällig. Daher hat man eine Möglichkeit geschaffen, bei der eine Besitzübergabe nicht notwendig ist. Nur das Eigentumsrecht wird dem Kreditgeber übertragen, der Besitz verbleibt dem Kreditnehmer, der die Sache weiter für betriebliche Zwecke nutzen kann.

Das Eigentum wird dem Kreditgeber nicht durch Übergabe der Sache, sondern durch ein Besitzkonstitut übertragen. Der Kreditgeber schließt mit dem Kreditnehmer einen Leih-, Miet- oder Verwahrungsvertrag ab. In der Praxis werden Warenlager, Maschinen, Geräte, Kraftfahrzeuge u.ä. sicherungsübereignet.

Voraussetzung für die Sicherungsübereignung ist ein besonderes Vertrauensverhältnis zwischen Kreditgeber und Kreditnehmer, daß das übereignete Objekt nicht veruntreut wird.

Den Unterschied zwischen Verpfändung und Sicherungsübereignung zeigt Abb. 16.

	Kreditgeber	Kreditnehmer
Verpfändung	Besitzer	Eigentümer
Sicherungs-übereignung	Eigentümer	Besitzer

Abb. 16: Besitz- und Eigentumsverhältnisse bei Verpfändung und Sicherungsübereignung

c) Die Abtretung von Forderungen und Rechten
Die Abtretung (Zession) ist ein Vertrag, durch den eine Forderung gegen einen Drittschuldner vom bisherigen Gläubiger (Zedent) auf einen neuen Gläubiger (Zessionar) übertragen wird. Die Abtretung von Forderungen ist in den §§ 398—413 BGB geregelt. Gemäß § 413 gelten diese Bestimmungen auch für die Übertragung von weiteren Rechten wie: Anteilsrechte, Wechsel, Konnossamente, Lagerscheine, Hypothekenforderungen etc, soweit das Gesetz nichts anderes bestimmt.

Zwischen dem Zedenten und dem Zessionar wird ein Abtretungsvertrag geschlossen. In der Regel ist der Zedent nicht daran interessiert, daß dem Drittschuldner die Abtretung bekannt wird. Dies könnte die Kreditwürdigkeit des Zedenten bei seinen eigenen Schuldnern beeinträchtigen. Dem Drittschuldner muß die Abtretung nicht angezeigt werden. Solange dies nicht erfolgt ist, kann der Drittschuldner an den bisherigen Gläubiger mit befreiender Wirkung zahlen.

Die Zession endet nicht mit dem Erlöschen der Schuld aus dem Kreditverhältnis. Abtretungen erfolgen meistens zur Sicherung von Bankdarlehen. Die Beziehungen zeigt Abb. 17.

Im Kreditverkehr der Banken werden am häufigsten folgende Forderungen abgetreten:
— aus Waren- und Dienstleistungsgeschäften,
— aus Sparguthaben,
— aus Lebensversicherungsansprüchen,
— aus Lohn- und Gehaltsansprüchen.

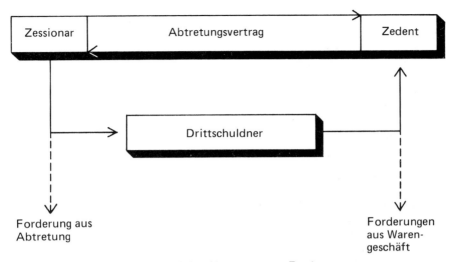

Abb. 17: Rechtsbeziehungen bei der Abtretung von Forderungen

Bei der *stillen Zession* vereinbaren Kreditgeber (Zessionar) und Kreditnehmer (Zedent), daß die Abtretung dem Drittschuldner nicht mitgeteilt wird: dieser zahlt weiter mit befreiender Wirkung an den Kreditnehmer, der seinerseits den Betrag an den Kreditgeber weiterleitet.

In der Praxis erhält der Drittschuldner eine nicht näher begründete Mitteilung, der Rechnungsbetrag ist auf unser Konto bei der X-Bank zu überweisen, oder das Konto bei der X-Bank (-Zessionar) ist die einzige auf den Rechnungen angegebene Bankverbindugn des Zendenten.

Bei der *offenen Zession* wird der Drittschuldner von der Abtretung benachrichtigt. In diesem Falle kann er nur an den neuen Gläubiger (Zessionar) mit befreiender Wirkung zahlen. Der Gesetzgeber hat bei einer Reihe von Forderungen die Abtretung ausgeschlossen. Auch der Drittschuldner kann eine Abtretung von Forderungen ausschließen oder von seiner Zustimmung abhängig machen.

In einem *Globalzessionsvertrag* wird ein bestimmter Teil aller Forderungen des Kreditnehmers (Zedenten) abgetreten, z.B. alle Forderungen der Buchstabengruppe

A bis K.

Durch einen Mantelzessionvertrag werden laufend Forderungen in einer bestimmten Gesamtsumme abgetreten.

3.2.1.3 Grundpfandrechte

Diese sind Sicherungsrechte an bebauten oder unbebauten Grundstücken, die durch Einigung und Eintragung ins Grundbuch zustande kommen. Das *Grundbuch* ist ein Verzeichnis der Grundstücke im Bereich eines Amtsgerichtes. Jedes Grundstück erhält im Grundbuch ein besonderes Blatt, auf dem die Rechtsverhältnisse erkennbar sind.

Jedes Grundbuchblatt ist nach einem einheitlichen Muster aufgebaut:
— die *Aufschrift* bezeichnet Amtsgericht, Grundbuchbezirk, Band und Blatt;
— Das *Bestandsverzeichnis* kennzeichnet das Grundstück nach den Kataster- und Lageangaben;
— die *drei Abteilungen:*
    Abt. I: Eigentümer,
    Abt. II: Belastungen außer Grundpfandrechte z.B. Wegerecht, Wohnungsrecht etc.
    Abt. III: Grundpfandrechte

Der Grundpfandrechtsgläubiger kann seine Forderung im Nichtzahlungsfall aus dem Grundstück befriedigen, indem er die Verwertung des Grundstückes beantragt.

Für die Kreditfinanzierung kommen als Sicherheiten die Hypothek und die Grundschuld in Frage. Sie dienen zur Sicherung langfristiger Kredite.

a) Die Hypothek
ist ein Pfandrecht an einem Grundstück zur Sicherung einer Geldforderung gegen den Eigentümer, oder einen Dritten. Wenn eine Hypothek entstehen soll, muß auch eine gleichhohe Geldforderung bestehen. Die Hypothek ist unlöslich mit der ihr zugrundeliegenden Forderung verbunden. Sie paßt sich in ihrer Höhe automatisch der Forderung an und erlischt auch mit ihr.

Im Regelfall wird vom Grundbuchamt ein Hypothekenbrief ausgestellt (*Briefhypothek*), der einen Auszug aus dem Grundbuch enthält. Durch die Übergabe des Briefes erwirbt der Gläubiger die Hypothek. Der Hypothekenbrief erleichtert die Übertragung der Hypothek, weil sie durch Zession und Übergabe des Briefes außerhalb des Grundbuchs möglich ist.

Wird die Erteilung des Briefes ausdrücklich ausgeschlossen, so erfolgt nur die Eintragung der Hypothek in das Grundbuch (*Buchhypothek*). Der Gläubiger erwirbt diese Hypothek durch Einigung und Eintragung in das Grundbuch.

Nach dem Umfang der Rechte, die dem Hypothekengläubiger eingeräumt werden, unterscheidet man folgende Arten:

Die Verkehrshypothek
Im Grundbuch wird aufgrund einer persönlichen Schuld ein fester Darlehensbetrag eingetragen.
Will der Gläubiger sein Pfandrecht geltend machen, braucht er die Höhe seiner Forderung nicht nachzuweisen. Durch Eintragung der Darlehenssumme in das Grundbuch genießt sie öffentlichen Glauben.

Die Sicherungshypothek
Der Gläubiger kann sich nur in dem Umfang an das Grundstück halten, in dem er eine bestehende Forderung nachweist. Diese Hypothekenart dient zur Sicherung der Kontokorrentkredite.

Die Höchstbetragshypothek
Sie ist im Grunde ebenfalls eine Sicherungshypothek. In das Grundbuch wird nicht die wirkliche Höhe der Forderung eingetragen, sondern der Höchstbetrag, bis zu dem das Grundstück haften soll.
Verwendungszweck: Sicherung von Kontokorrentkrediten.

Die Realisierung der Sicherheit, d.h. die Befriedigung der Gläubiger geschieht im Wege der Zwangsvollstreckung, d.h. der Zwangsverwaltung bzw. der Zwangsversteigerung.

b) Die Grundschuld
existiert unabhängig von der rechtswirksamen Entstehung und dem Fortbestehen einer persönlichen Forderung. Sie sichert nur dann eine Geldforderung, wenn eine entsprechende Vereinbarung getroffen wurde.
Der Grundstückseigentümer kann sogar auf seinen Namen eine Grundschuld eintragen lassen (*Eigentümergrundschuld*). Bei der *Buchgrundschuld* wird das Recht im Grundbuch eingetragen und vermerkt, daß kein Brief ausgestellt worden ist. Für die *Briefgrundschuld* wird eine Urkunde (*Grundschuldbrief*) ausgestellt, in welcher das Recht mit Einzelangaben verbrieft ist. Als Kreditsicherung hat die Grundschuld die gleiche Bedeutung wie die Hypothek. Ihr Vorteil liegt darin, daß sie schon bestellt werden kann, bevor eine Verbindlichkeit existiert. Grundschulden dienen der Sicherung langfristiger Darlehen und der Kreditlinien bei Kontokorrentkrediten.

Eine Übersicht der einzelnen Sicherungsmöglichkeiten zeigt Abb. 18. Welche dieser Sicherheiten im Einzelfall in Frage kommen, wird in erster Linie dadurch bestimmt, daß durch die Sicherheitsstellung weder die unternehmerische Dispositionsfreiheit noch der Ablauf des Betriebsprozesses beeinträchtigt werden darf.

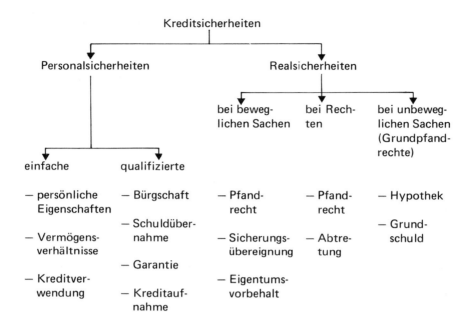

Abb. 18: Übersicht der Kreditsicherheiten

3.2.2 Die Kreditfristen

Die verschiedenen Kreditfinanzierungsinstrumente werden üblicherweise nach der Fristigkeit des aufgenommenen Kapitals eingeteilt. Man unterscheidet:
— kurzfristig,
— mittelfristig,
— langfristig.
Kriterium dabei ist die vertragliche Bewilligungsdauer.

Eine solche Einteilung ist problematisch. Erstens ist in der Literatur wie in der Praxis die zeitliche Bemessung der Fristen sehr umstritten. Zweitens stimmt die Verwendungsdauer oft nicht mit der beabsichtigten Überlassungsfrist überein. So werden kurzfristig geplante Kredite durch laufende Prolongation tatsächlich langfristig.

Wir ziehen, wenn wir von Kreditfristen sprechen, die ursprüngliche Bewilligungszeit als Kriterium heran. Das ist im Grundsatz der Standpunkt des Aktiengesetzes, das allerdings auch die Angabe von Restlaufzeiten vorschreibt, um einen besseren Einblick in die Liquiditätslage der Gesellschaft zu haben.

Bei der zeitlichen Festlegung halten wir uns an die Bankenstatistik der Deutschen Bundesbank:
— *kurzfristig* sind Kredite, deren Bewilligungsfrist bis zu 12 Monate beträgt
— *mittelfristig* 1 Jahr bis zu 4 Jahren
— *langfristig* mehr als 4 Jahre.

3.2.3 Die kurz- und mittelfristigen Kreditfinanzierungsinstrumente

Die kurz- und mittelfristige Kreditfinanzierung wird sinnvollerweise zusammen behandelt, weil es kein betriebswirtschaftlich eigenständiges Instrumentarium der mittelfristigen Kreditgewährung gibt. Sicher gibt es in der Praxis eine Reihe von Finanzierungsinstituten, die sich auf die Gewährung von mittelfristigen Krediten spezialisiert haben, z.B. Spar- und Darlehenskassen, Kreditgenossenschaften, Kreditgarantie und Bürgschaftsgemeinschaften.

Die Art und Technik der mittelfristigen Kreditgewährung unterscheidet sich jedoch nicht von der kurzfristigen. Daher werden sie zusammen behandelt.

3.2.3.1 Der Bankkredit

Er ist das gebräuchlichste Instrument der kurzfristigen Kreditfinanzierung. Er wird durch alle Wirtschaftszweige und von Betriebswirtschaften aller Größen in Anspruch genommen. Er dient dazu, die Kassenhaltung zu rationalisieren, d.h. die laufende, übermäßig große Haltung von Zahlungsmitteln zu vermeiden, durch welche die Kapitalrentabilität beeinträchtigt würde.

Der kurzfristige Bankkredit hat folgende Aufgaben:
— Liquiditätssicherung bei unregelmäßig auftretendem Zahlungsmittelbedarf
— Finanzierung eines zeitlich überschaubaren Betriebsmittelbedarfs
— Überbrückung saisonaler Engpässe, Ausgleich von Debitorenausfällen
— Wahrnehmung kurzfristiger Expansionsmöglichkeiten am Absatzmarkt.

a) Der Kontokorrentkredit
ist ein äußerst elastischer Buchkredit. Seine Rechtsgrundlage bilden die §§ 355—357 HGB.

Der Kreditnehmer erhält eine Höchstgrenze eingeräumt, bis zu welcher er sein Konto überziehen kann (Kreditlinie). Wie hoch und wielange der Kredit beansprucht wird, hängt im vorgegebenen Rahmen allein vom Kreditnehmer ab. Der

Kontokorrentkredit wird durch Auszahlungen laufend in Anspruch genommen und durch Einzahlungen laufend getilgt. Daher ist dieser Kredit zur Abwicklung des Zahlungsverkehrs bestens geeignet. Der Ausgleich von Geldbedarfsspitzen ist kurzfristig möglich.

Kosten: Der Kunde zahlt Sollzinsen, Umsatzprovision und für den nicht in Anspruch genommenen Betrag eine Bereitstellungsprovision, hinzu kommen noch Nebenkosten (Porto, Vordrucke etc.) und ggf. eine Überziehungsprovision, wenn die Kreditlinie überschritten wird.

Sicherheiten: werden in Form von Forderungsabtretungen, Wertpapierlombard, Bürgschaften, Sicherungsübereignungen und Grundpfandrechten verlangt. Häufig wird auch gefordert, daß der gesamte Zahlungsverkehr über das Kreditkonto abgewickelt werden muß und daß bei keiner anderen Bank ein Kredit aufgenommen werden darf.

Laufzeit: Der Kontokorrentkredit ist formal kurzfristig. In der Praxis ist seine ständige Prolongation aber nicht ausgeschlossen. Aus Kostengründen sollte daher aber dann die Umschuldung in ein Darlehen geprüft werden.

Bedeutung: Der Kontokorrentkredit nimmt einen großen Teil des kurzfristigen Kreditvolumens in Deutschland ein.

b) Der Diskontkredit
Im Verkehr zwischen Lieferanten und Kunden zieht der Lieferant als Aussteller auf seinen Kunden einen Wechsel und erhält diesen vom Kunden akzeptiert zurück. Der Lieferant bringt nun diesen Wechsel zur Bank, die ihn auch vor Fälligkeit ankauft, d.h. diskontiert.

Vorschußzinsen und Provisionen werden dabei von der Bank abgezogen. Dieser rechtliche Ankauf ist betriebswirtschaftlich ein Kreditgeschäft.

Laufzeit: Obwohl das Wechselrecht keine Laufzeitbeschränkung kennt, hat sich als Höchstrestlaufzeit 90 Tage eingestellt, weil die Bundesbank dies für die Refinanzierung fordert.

Sicherheiten: Die Banken nehmen nur Wechsel bis zu einem bestimmten Höchstbetrag von einem Kunden an.
Ob überhaupt und wie hoch Wechsel angenommen werden, hängt von der Bonität der Wechselverpflichteten ab (gute Unterschriften). Sicherheit für die Bank ist die Wechselstrenge und die Wechselverpflichtung von Aussteller, Bezogenen und Giranten.

Kosten: Die Finanzierungskosten für den Diskontkredit umfassen:
— *Diskont* von der Wechselsumme je nach Bonität und Wechselsumme
  0,75 % — 2,5 % p. a. (für bundesbankfähige Wechsel) bzw.
  2 % — 4 % p. a. (für andere Wechsel) über Diskonstatz der Bundesbank,
— *Diskontprovision* als Bearbeitungsgebühr bis 1/8 % je Monat,
— *Diskontspesen* je nach Anfall (z. B. Inkassospesen).

Bedeutung: Der Diskontkredit ist billiger als der Kontokorrentkredit. Er ist aber nicht so anpassungsfähig und der Zahlungstermin muß pünktlich eingehalten werden.

Die Geschäftsbanken können sich durch Weiterverkauf der, Wechsel an die Bundesbank refinanzieren, sofern es sich um „zentralbankfähige" Wechsel handelt.

c) Der Akzeptkredit

Beim Akzeptkredit tritt die Bank nicht als direkter Kreditgeber (d.h. Geldgeber) in Erscheinung. Sie akzeptiert einen Wechsel, den ein Bankkunde auf sie gezogen hat. Der Kunde kann dann den Wechsel verwenden, z.B. an einen Dritten weitergeben. Der Kunde (= Aussteller) ist jedoch verpflichtet, den Gegenwert des Wechsels am Tag der Fälligkeit der Bank zur Verfügung zu stellen. Der Akzeptkredit ist also der typische Fall eines Finanzwechsels.

Als Kreditnehmer kommen nur besonders gute, d. h. vertrauenswürde Bankkunden (erste Adressen) in Frage.

Kosten: *Akzeptprovision* 0,5 — 2 % p. a. je nach Handelsgeschäft und Bonität,
  Diskont bei Verkauf an eine Bank, 0,5 — 0,75 % über Rediskont der Bundesbank.

Bedeutung: Das Bankakzept verbessert Bonität und Marktfähigkeit des Wechsels ganz entscheidend. Auch solche Gläubiger werden den Wechsel annehmen, die den Schuldner nicht kennen. Dies ist besonders im Außenhandel erforderlich. Wegen des Risikos, das mit dieser Finanzierung verbunden ist, räumen Banken nur erstklassigen Kunden Akzeptkredite ein.

d) Der Lombardkredit

ist ein kurzfristiger Kredit, der durch die Verpfändung von Wertpapieren oder Waren gesichert wird.

Sicherheit: Die verpfändeten Gegenstände müssen dabei in der Hand des Kreditgebers sein. Bei Wertpapieren ist dies problemlos. Waren müssen eingelagert werden. Die Bank erhält dann den Lagerschein. Selbst die Verpfändung von rollender oder schwimmender Ware ist möglich. Die Bank erhält dann den Ladeschein (rollende Ware) bzw. das Konnossement (schwimmende Ware).

Kosten: Verglichen mit dem Diskontkredit ist der Lombardkredit etwas teurer, da der Lombardsatz meist 1 % — 3 % über dem Diskontsatz der Bundesbank liegt. Dazu kommen Kreditprovision und Umsatzprovision (Kosten der Kontoführung).
Meist wickeln die Banken den Lombardkredit über das Kontokorrentkonto ab und berechnen dann dafür Kontokorrentspesen.

Bedeutung: Bei Nichtbanken ist der Lombardkredit nicht sehr verbreitet. Man nimmt ihn in Anspruch, wenn eine Kreditlinie nicht mehr überschritten werden kann. Die Höhe des Kredits richtet sich dabei nach dem Beleihungswert der Pfänder. Weil man über die verpfändeten Gegenstände nicht mehr verfügen kann, zieht man in der Praxis eine andere Kreditart mit der Sicherungsübereignung dem Lombardkredit vor.
Die Banken aber verschaffen sich durch Wertpapierverpfändung kurzfristige Liquidität.

e) Der Avalkredit
Durch ihn übernimmt die Bank eine Bürgschaft oder eine Garantie, daß ihr Kunde die eingegangenen Lieferungs- oder Zahlungsverpflichtungen erfüllen werde. Der Kunde bleibt Hauptschuldner seiner Gläubiger. Die Bank wird nur dann in Anspruch genommen, wenn der Hauptschuldner nicht zahlt.

Bedeutung: Avalkredite werden zu folgenden Zwecken gewährt:
— Sicherung eines Lieferantenkredits
— Voraussetzung zur Erlangung eines öffentlichen Auftrages,
— Stundung von Zöllen und Abgaben,
— Sicherung von Anzahlungen,
— Sicherung von Gewährleistungsansprüchen.

Kosten: Avalprovision 1—3% des zu verbürgenden Betrags.

f) Die Kontoüberziehung
ist der teuerste Bankkredit, weil neben dem an sich schon hohen Zinssatz noch eine hohe Überziehungsprovision fällig werden.

3.2.3.2 Der Lieferantenkredit

ist ein Kredit zwischen Betriebswirtschaften, den der Verkäufer einer Ware dem Käufer gewährt. Der Käufer erhält Warenlieferungen auf Ziel, d. h. er muß nicht sofort bezahlen.

Grundgedanke dieser Kreditform ist die Überbrückung der Zeitspanne zwischen Beschaffung und Verkauf der Ware beim Abnehmer. Der Kredit soll aus dem Umsatz der kreditierten Ware getilgt werden. Der Lieferantenkredit kommt als *Buchkredit* durch einfache Belastung des entsprechenden Debitorenkontos zustande. Diese Form überwiegt in der Praxis.

Schuldwechsel werden nur dann verlangt, wenn der Lieferant ein Akzept für seine eigene Refinanzierung benötigt.
In besonderen Fällen, vor allem im Auslandsgeschäft geben sich Lieferanten nicht mit Unterschriften unbekannter Kunden zufrieden, sondern verlangen ein *Bankakzept.*
Der Lieferantenkredit ist nicht nur ein finanzwirtschaftliches, sondern auch ein absatzpolitisches Instrument. In Einzelfällen dient er sogar als Kampfmittel zur Erringung bestimmter Aufträge.

Vorteile: Lieferantenkredite werden formlos gewährt und sind meist leichter als Bankkredite zu erhalten.
Die Kreditgewährung wie die Kredittilgung ist sehr individuell möglich. Die Kreditwürdigkeitsprüfung entfällt meistens.

Sicherung: Eigentumsvorbehalte.

Kosten: Obgleich keine Zinsen gezahlt werden, sind Lieferantenkredite teuer. Kreditaufwendungen sind in der Regel verlorengehende Skontoabzüge. Bei sofortiger Zahlung kann der Abnehmer den Rechnungsbetrag um einen bestimmten Prozentsatz, den man Skonto nennt, vermindern.

Beispiel: Erfolgt eine Lieferung auf 2 Monate Ziel, bei Zahlung innerhalb von 10 Tagen abzüglich 2 % Skonto, dann ergibt sich für 60 − 10 = 50 Zinstage ein Zinssatz von 2 %. Rechnet man auf das Jahr um, dann bedeutet dies eine Verzinsung von 14,4 %

$$\frac{\text{Skontosatz in \%}}{\text{Zahlungsziel-Skontofrist}} \times 360 = \text{gesuchte Skontoverzinsung per anno}$$

$$= \frac{2}{50} \times 360 = 14,4$$

Es ist also in einem solchen Fall zu überlegen, ob nicht die Zahlung innerhalb der Skontofrist mit Hilfe eines kurzfristigen Bankkredits wirtschaftlicher ist.

Nachteile: neben den hohen Kosten liegen die Nachteile des Lieferantenkredits in:
— der Gefahr von Liquiditätsschwierigkeiten, wenn Umsatzstockungen auftreten,

- der Gefahr, durch zunehmende Kredite bei einem Lieferanten in Abhängigkeiten zu geraten,
- der Beschränkung der Verfügungsgewalt (Eigentumsvorbehalt),
- der Beschränkung der Kreditfähigkeit durch hohe Lieferantenschulden.

Bedeutung: Der Lieferantenkredit ist heute ein bedeutendes Mittel des Wettbewerbs zwischen Anbietern geworden. Hinter dem Kampf um Marktanteile über günstige Zahlungsbedingungen steht der eigentliche Preiskampf oft zurück. Im Verkäufermarkt wird der Lieferant allerdings scharfe Zahlungsziele durchsetzen. Große Bedeutung hat der Lieferantenkredit im Groß- und Einzelhandel. Im Hinblick auf die Nachteile sollten Lieferantenkredite möglichst durch kurzfristige Bankkredite abgelöst werden.

3.2.3.3 Das Lieferantendarlehen

Es gibt Geschäftszweige, in denen Lieferanten ihren Abnehmern langfristige Ausstattungskredite gewähren. z. b. finanzieren Brauereien die Einrichtung der Gaststätten, Mineralölgesellschaften finanzieren die Tankstellen. Dafür müssen die Kreditnehmer langfristige Abnahmeverträge schließen. Die Kredittilgung erfolgt über die Umsatzerlöse z. B. aus den Hektoliterprovisionen.

3.2.3.4 Kundenanzahlungen

sind nur in bestimmten Branchen üblich, z.B. Wohnungsbau, Schiffsbau, Großmaschinenbau.

Den Grund hierfür bilden die umfangreichen Planungs- und Konstruktionsaufwendungen, die langen Produktionszeiten, das hohe technische Niveau, der beträchtliche Lieferwert und der erhebliche Kapitalbedarf.
Bedingungen: z.B. 1/3 bei Auftragsabschluß den Rest in mehreren Raten je nach Baufortschritt. Die Anzahlungen sind Kredite zur Vorfinanzierung, die zinslos zur Verfügung gestellt werden.
Anzahlungen sind von der Marktmacht der Partner und von der allgemeinen Auftragslage abhängig.

3.2.3.5 Industrieclearing

Kurzfristige Geldgeschäfte werden zwischen Industrieunternehmen direkt abgewickelt, um Finanzlücken der einen durch Überschüsse der anderen Unternehmung zu schließen.
Es handelt sich um Finanzkredite, nicht um Lieferanten- oder Kundenbeziehungen.

Entstehungsursache
Die Industrieunternehmen wollten durch direkte Kreditgeschäfte die Banken ausschalten, um Ertrags- bzw. Kostenvorteile zu erreichen. Außerdem können so die kreditpolitischen Maßnahmen der Bundesbank umgangen werden.

Spielregeln
Der Industriemarkt stellt strenge Anforderungen an Bonität und Seriosität der Teilnehmer (erste Adressen). Es spielt sich nach genauen, wenn auch weder gesetzlich noch schriftlich fixierten Regeln ab. Er ähnelt hier dem Geldmarkt der Banken. Gehandelt werden Tagesgelder, tägliche Gelder und Call-Gelder. Die Geschäfte werden am Telefon abgewickelt.
Makler vermitteln meistens. Die gehandelten Beträge liegen bei Millionen DM und darüber.

3.2.3.6 Factoring

Die Einordnung des Factoring in die Systematik der Kreditfinanzierung ist nicht unproblematisch. Sieht man jedoch primär die Finanzierungsfunktion, dann kann man diese Zuordnung vertreten.

a) Begriff: Factoring ist ein zwischen einer Betriebswirtschaft und einem Finanzierungsinstitut (dem Factor) abgeschlossener Vertrag, aufgrund dessen Kundenforderungen aus Warenlieferungen und Dienstleistungen angekauft werden.

b) Funktionen:
— *Finanzierungsfunktion,* d.h. die Bevorschussung der angekauften Forderung;
— *Dienstleistungsfunktion,* d.h. Übernahme der Debitorenbuchhaltung, des Mahn- und Inkassowesens, Beratung des Kunden;
— *Delcrederefunktion,* d.h. Übernahme des Risikos einer möglichen Zahlungsunfähigkeit des Abnehmers.
Sie wird oft auf einem bestimmten Betrag begrenzt (Limit).

c) Kosten: Je nachdem, welche Funktionen übernommen werden, sind die Kosten abhängig. Bei der Finanzierungsfunktion etwa wie beim Kontokorrentkredit liegen sie bei ca. 4 1/2 % über dem Diskontsatz.
Bei der Dienstleistungsfunktion: je nach Höhe des Jahresumsatzes 0,3 — 2 %
Bei der Delcrederefunktion: 0,2 bis 4 % des Umsatzes.
Den Kosten müssen die Einsparungen gegenübergestellt werden, z.B. bei der Finanzierung: Vergleichszinsen und Vorschußzinsen, bei der Dienstleistung: Personal- und Sachkosten, bei der Delcrederefunktion: die Kosten der dubiosen Forderungen.

d) Formen des Factoring

Bei der *offenen Form* wird dem Debitor mitgeteilt, daß er an den Factor zahlen muß.

Beim *stillen Verfahren* bleibt das Inkasso bei der Abschlußfirma, welche die Zahlungseingägnge dem Factor treuhänderisch weiterleitet.

Beim *halboffenen Verfahren,* das sehr verbreitet ist, erscheint auf den Rechnungen der Factor als die einzige Bankverbindung.

Häufig werden Finanzierungs- und Dienstleistungsfunktion miteinander kombiniert.

Die Delcrederefuntkion wird in letzter Zeit immer stärker nachgefragt.

e) Bedeutung

Die Bedeutung liegt in der Sicherung der Liquidität. Der Kunde erhält soviel Kredit, wie er aufgrund seiner Absatzleistung benötigt.

Positiv sind die möglichen Einsparungen durch:

— Wegfall der Kosten der Debitorenbuchhaltung, Kredit- und Mahnabteilung,
— Wegfall der Gebühren für Handelsauskunfteien,
— Wegfall der Kosten für Kreditversicherungen
— Wegfall der Zinskosten für Bankkredite
— Wegfall der Beitreibungskosten
— Wegfall der Verluste durch Insolvenzen der Debitoren.

Die wirkliche Höhe dieser Einsparungen wird stets vom Einzelfall abhängen und daher stark schwanken. Das Factoring dagegen fordert einen festen Prozentsatz und bietet eine sichere Kalkulationsbasis. Ein weiterer Vorteil ist die Umstellung auf Barzahlungsbasis und damit die höhere Umschlagsgeschwindigkeit des Kapitals. Die Finanzlage vieler kleinerer und mittlerer Betriebswirtschaften gestattet es zudem nicht, Lieferantenskonti und -rabatte auszunutzen. Erst durch Factoring werden sie fähig, Rabatte und Skonti in Anspruch zu nehmen, um ihre Erträge steigern zu können. Factoring wirkt sich rentabilitäts- und liquiditätsfördernd aus.

f) Grenzen des Factoring

Wer auf Wechselbasis liefert, finanziert über den Diskontkredit billiger.
Bestimmte Wirtschaftszweige, z.B. der Dienstleistungsbereich (keine Sicherheiten), die Bauwirtschaft (Umsätze und Zahlungstermine sind erst im nachhinein festzulegen), Investitionsgüterindustrie (lange Zahlungsziele) müssen andere Wege beschreiten. Darüber hinaus kann jeder Schuldner gem. § 399 BGB die Abtretung bzw. den Verkauf, der gegen ihn gerichteten Forderungen verbieten. Z.B. Großunternehmen, Kaufhäuser, die öffentliche Hand, Versandhandel etc.
In diesen Fällen ist Factoring unmöglich.

3.2.3.7 Der Teilzahlungskredit

wird im Zusammenhang mit einem Kaufvertrag zwischen dem Konsumenten des Gutes und dem Hersteller bzw. Groß- oder Einzelhändler gewährt. Er zählt daher nicht direkt zu den Kreditfinanzierungsinstrumenten von Betriebswirtschaften, ist aber bei aktiver Finanzierung eine Möglichkeit der Refinanzierung für die kreditgebenden Betriebswirtschaften.

Grundlage für Geschäfte mit Nichtkaufleuten ist das Abzahlungsgesetz.

Der Teilzahlungskredit wird von Spezialbanken (Teilzahlungsbanken) abgewickelt.

A-Geschäft:
Der Konsument erhält direkt von der Bank vor dem Warenkauf einen Kredit eingeräumt und über den Kreditbetrag sog. Kreditschecks ausgehändigt, die er beim Verkäufer einlösen kann.

B-Geschäft:
Der Verkäufer schließt nach Kreditprüfung mit dem Käufer einen Kreditvertrag. Die Teilzahlungsbank zahlt den Kredit an den Verkäufer aus. Der Käufer zahlt die Raten an die Bank zurück.

C-Geschäft:
Es läuft im Grundsatz wie das B-Geschäaft ab. Die einzelnen Raten werden durch Wechsel zusätzlich abgesichert, welche der Verkäufer auf den Käufer zieht, z.B. Automobilkauf, Maschinenkauf.

3.2.3.8 Die Kreditzusage

verleiht der Betriebswirtschaft ein potentielles Kreditvermögen, das eine kurzfristige Anpassung an den Kapitalbedarf ermöglicht. Diese Zusage, die von den Banken gegeben wird, hängt weitgehend von der Bonität des künftigen Schuldners ab. Der Kredit wird im Bedarfsfall dann schnell und ohne besondere Formalitäten eingeräumt.

Die Kreditzusage verursacht entweder nur geringe oder gar keine Kosten — und ist als Reserve geradezu ideal. Allerdings bleibt sie nur Firmen mit einer ausgezeichneten Kreditwürdigkeit vorhalten.

Die zusammenfassende Übersicht aller kurzfristigen Kreditfinanzierungsinstrumente zeigt Abb. 19.

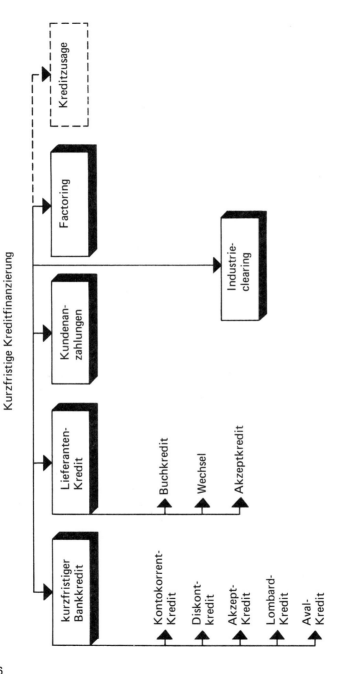

Abb. 19: Instrumente der kurzfristigen Kreditfinanzierung

1. *Welche generellen Vor- und Nachteile sind mit der Kreditfinanzierung verbunden?*

2. *Welche Objekte werden als dingliche Sicherheit herangezogen?*

3. *Welche Bedeutung hat die Bürgschaft für einen Gläubiger?*

4. *Was versteht man unter einem Pfandrecht?*

5. *Weshalb wird in der finanzwirtschaftlichen Praxis von der Sicherungsübereignung häufiger Gebrauch gemacht als von der Verpfändung?*

6. *Welche Hypothekenform werden Sie wählen, damit Sie als Gläubiger Ihre Forderung nicht konkret nachweisen müssen?*

Wiederholungsfragen zu C 3.2.2 (Kreditfristen) und
*   C 3.2.3 (Kurz- und mittelfristige Kreditfinanzierung)*

1. *Warum werden Kontokorrent-Kredite zu den kurzfristigen Bankkrediten gerechnet, obwohl sie doch den Kreditnehmern zum Teil 10 und mehr Jahre lang eingeräumt werden?*

2. *Woraus setzen sich die Kosten eines Kontokorrent-Kredits für den Schuldner zusammen?*

3. *Welche Nachteile haben Kontokorrent-Kredite für die kreditgebende Bank im Vergleich zum (Wechsel) Diskontkredit?*

4. *Inwiefern kann man bei der Diskontierung eines Wechsels von Kreditfinanzierung sprechen?*

5. *Welche Finanzierungswirkung hat ein Akzeptkredit, wann ist er sinnvoll und notwendig?*

6. *Was versteht man unter einem Avalkredit?*

7. *Welche Anwendungsgebiete gibt es für den Avalkredit?*

8. *Welche Papiere spielen bei der Beleihung*
   a) schwimmender
   b) rollender
   Ware eine Rolle?

9. *Wodurch unterscheiden sich Diskontkredite und Akzeptkredite?*

10. *Ist der Lieferantenkredit ein billiges oder ein teueres Finanzierungsinstrument? Wie hoch sind die Kosten dieses Kredits?*

11. *Wann wird der Lieferantenkredit immer kostenlos gewährt?*

12. Welche Sicherheiten werden beim Lieferantenkredit verwendet?

13. In welchen Branchen (Wirtschaftszweige) sind Kundenanzahlungen üblich und warum? Wie teuer sind diese Kredite?

14. Warum wird Industrieclearing als Finanzierungsinstrument verwendet?

15. Was versteht man unter Factoring?

16. Welche Aufwendungen entstehen einem Factoringkunden?

17. Welche Formen des Factoring unterscheiden Sie?

3.2.4 Die langfristigen Kreditfinanzierungsinstrumente

3.4.2.1 Der langfristige Bankkredit

Ein wichtiges Finanzierungsmittel für die Wirtschaft sind Bankdarlehen. Sie werden von Mittel- und Kleinbetrieben in Anspruch genommen. Selbst emissionsfähige Firmen weichen in Zeiten eines schwachen Kapitalmarktes auf dieses Instrument aus. Bei günstigerem Kapitalmarkt schulden sie allerdings wieder um. Die Darlehen werden zum vollen Nennwert oder mit Disagio ausgezahlt. Nach einigen tilgungsfreien Perioden wird entweder in Raten oder in einem Betrag am Ende der Laufzeit zurückgezahlt.

Als *Sicherheiten* kommen Grundpfandrechte (Hypotheken- bzw. Grundschulden) infrage. Reichen die Sicherheiten nicht aus, dann schränkt die Bank im Darlehensvertrag die Dispositionsfreiheit des Kreditnehmers ein.

An *Kosten* fallen einmalig die Gebühren für die Kreditsicherung an, laufend werden die Kreditzinsen fällig. Häufig wird eine Anpassung des Zinssatzes an die jeweilige Kapitalmarktsituation vereinbart. Der Kreditnehmer sollte bei Abschluß des Vertrages darauf achten, daß er sowohl Sondertilgungen leisten als auch vorzeitig das Darlehen kündigen kann. Da langfristige Bankkredite nur in beschränktem Umfang zur Verfügung stehen, die Nachfrage aber sehr groß ist, reicht das vorhandene Volumen nicht aus. Die Geschäftsbanken helfen sich hier damit, daß sie die Kredite zwar nur kurzfristig zusagen, aber eine Prolongation gleich in Aussicht stellen. Besonders auf langfristige Kredite hat sich die *Industriekreditbank AG* spezialisiert, die auch an der Ausreichung öffentlicher Mittel und von Mitteln aus dem Privatbanken-Fonds beteiligt ist.

Da Klein- und Mittelbetriebe die notwendigen Sicherheiten oft nicht beibringen können, wurden eigene *Kreditgarantiegemeinschaften* geschaffen. Sie werden in der Form der GmbH geführt und von den berufsständischen Verbänden des Handwerks, des Handels und der gewerblichen Wirtschaft im Verein mit den entsprechenden Kammern und mit Banken getragen. Sie gewähren Ausfallbürgschaften. Für den Haftungsfond der Kreditgarantiegemeinschaften übernimmt darüber hinaus die öffentliche Hand eine Rückbürgschaft.

Der langfristige Bankkredit kann auf dem nationalen wie auf dem internationalen Kapitalmarkt aufgenommen werden.

3.2.4.2 Die Anleihe

a) Kriterien der Anleihe
Die Anleihe ist eine Schuldverschreibung, d.h. ein Darlehen über eine Gesamtsumme mit langer Laufzeit. Häufig werden Teilschuldverschreibungen ausgegeben, damit ein breites Publikum das Papier erwerben kann. Die Anleihe wird auch als Obligation bezeichnet und ist ein vertretbares (= fungibles) Wertpapier, das auf einen Nennbetrag lautet (Mindestnennbetrag bei Stücklung DM 100. –.)

Als klassisches Mittel dient die Anleihe zur Deckung eines großen Kapitalbedarfs, denn sie wendet sich an das Anlagepublikum des Kapitalmarktes in breitester Form. Die Plazierung wird noch dadurch erleichtert, daß das Papier an der Börse gehandelt werden kann.

Die Gläubiger haben ein Recht auf Rückzahlung und regelmäßige, feste Verzinsung, sie können aber nicht kündigen, nicht kontrollieren und weder mitwirken noch mitsprechen.
Der Schuldner kann vorsehen, daß er bei nachhaltiger Änderung des Kapitalmarktes kündigen und zu neuen Konditonen wieder anbieten kann (Konversion).

b) Anleiheschuldner

Als Schuldner (Emittent) treten auf:
- Bund oder Länder (Staatsanleihen)
- Städte, Gemeinden und Gemeindeverbände (Kommunalanleihen)
- öffentlich – rechtliche Körperschaften
  z.B. öffentlich – rechtliche Banken, Zweckverbände etc.
- Realkreditinstitute geben *Kommunalobligationen* heraus zur Finanzierung der Darlehen an kleinere und mittlere Gemeinden sowie *Pfandbriefe* zur Finanzierung der Hypothekarkredite
- emissionsfähige Industrie- und Handelsfirmen (Industrieobligationen)

c) Die Industrieobligation

Sie ist für die Finanzierung der Betriebe von allen Anleihen am interessantesten. Ihr Name ist historisch bedingt. Anleiheschuldner sind heute Industrie wie Handelsbetriebe. Obwohl für die Emission von Industrieobligationen keine bestimmte Rechtsform vorgeschrieben ist, bleibt diese Finanzierungsmöglichkeit praktisch großen AG's und GmbH's vorbehalten, weil die meisten Börsen eine Mindestsumme für die Anleihe fordern.

Die *Laufzeit* schwankt stark. Gegenwärtig sind es durchschnittlich zwischen 5 und 15 Jahren. Früher wurden auch längerfristige Anleihen emittiert (25 – 30 Jahre).

Die *Tilgung* erfolgt nach einem festen Plan, der entweder gleichbleibende Anuitäten, d.h. Zins und Tilgung sind konstant oder eine gleichbleibende Tilgungshöhe vorsieht, d.h. durch die sinkende Zinsbelastung ergibt sich eine sinkende Gesamtbelastung. Die Raten sind meistens jährlich fällig. Seltener ist die Gesamtilgung am Ende der Laufzeit.

Die ersten fünf Jahre sind in der Regel tilgungsfrei. Man entlastet hiermit die Liquidität des Emittenten, weil die mit der Anleihe finanzierten Investitionen in dieser Zeit noch keine Erlöse abwerfen. Üblicherweise werden die Zinsen nach je 6 Monaten gezahlt. Zur Tilgung werden die Stücke meistens ausgelost.

Die *Kündigung* auch außerhalb der planmäßigen Laufzeit wird seitens des Emittenten meist vorbehalten ebenso wie die Konversion. Der Gläubiger hat zwar grundsätzlich kein Kündigungsrecht, bei schwierigen Kapitalmarktverhältnissen kann aber ein Kündigungsrecht auch für diesen in die Anleihebedingungen aufgenommen werden (Degussa-Klausel).

Die *Sicherheiten* bestehen im Normalfall aus Grundpfandrechten, insbesondere werden Grundschulden bestellt. Meist wird außerdem vereinbart, daß von nun an keinem Gläubiger bessere Sicherheiten eingeräumt werden dürfen als sie der Obligationengläubiger erhalten hat (Negativklausel). Damit darf z.B. das Grund-

und Gebäudevermögen des Schuldners während der Laufzeit der Anleihe nicht anderweitig belastet werden.

In Ausnahmefällen, z.b. Konzernmuttergesellschaft und (ausländische) Tochtergesellschaft kann auch eine Bürgschaft als Sicherheit ausreichen.

Genehmigungsverfahren

Die Ausgabe von Industrieobligationen muß staatlich genehmigt werden. Zuständig hierfür ist der Bundesminister für Finanzen im Einvernehmen mit der obersten Landesbehörde. Die Anleger sollen dadurch vor unseriösen Schuldnern geschützt und der Kapitalmarkt möglichst wenig gestört werden.

Eine weitere (gesonderte) Zulassung ist zum Börsenhandel erforderlich. Wenn eine Anleihe auf dem Kapitalmarkt untergebracht und an der Börse eingeführt werden soll, muß ein Prospekt aufgestellt und meist in den großen, überregionalen Zeitungen veröffentlicht werden.

Damit der Kapitalmarkt weder zeitlich noch betragsmäßig zu sehr beansprucht wird, haben sich alle Emittentengruppen (ohne öffentliche Hand) und die Kreditwirtschaft zum Zentralen Kapitalmarkt-Ausschuß zusammengeschlossen. Der Ausschuß — ein freiwilliger Zusammenschluß — wirkt beratend auf die Emissionstätigkeit ein. Dies erfolgt über Empfehlungen zur Höhe der Anleihe, zum Ausgabetermin, Zinssatz und Ausgabekurs, die in der Praxis immer befolgt werden.

Beim Bundesaufsichtsamt für das Versicherungs- und Bausparwesen sollte die *Deckungsstockfähigkeit* der Anleihe beantragt werden, weil dann die Versicherungswirtschaft mit den großen Summen der Prämienfonds und die sonstigen großen institutionellen Anleger als Interessenten infrage kommen. Ohne diese Anerkennung ist die Anleihe nur schwer und unter ungünstigen Bedingungen zu placieren.

Kosten

Jede Emission einer Anleihe ist mit hohen *einmaligen Kosten* verbunden, z.B.: Bankenprovision (Konsortialprovision), Börseneinführungsprovision, Genehmigungsgebühren, Börsenzulassungsgebühr, Notargebühren, Druckkosten, Inseratkosten etc. Insgesamt rechnet man für die einmaligen Kosten ca. 5 % vom Nominalbetrag, d.h. für DM 100, — fallen DM 5, — einmalige Kosten an. Der Schuldner muß aber später den Kredit voll mit DM 100, — zurückzahlen. Nach Abzug der Kosten bleiben nur DM 95. — für die Finanzierung übrig. Die wichtigste Position der einmaligen Kosten ist die Bankenprovision, die dafür gezahlt wird, daß ein Bankenkonsortium die Anleihe „en bloc" übernimmt und dann nach und nach an der Börse unterbringt. Dies ist die heute übliche Emissionsform, weil die Emittenten meist selbst keine Möglichkeit haben, ihre Anleihstücke direkt auf dem Markt abzusetzen.

An laufenden Kosten sind zunächst die Zinsen anzuführen. Daneben sind es Kurspflege und Kuponeinlösungsprovision. Für diese Nebenkosten (ohne Zinsbelastung) muß man noch einmal 1 − 2 % des Nominabetrages aufwenden.

Bedeutung
Industrieobligationen eignen sich für Großunternehmen mit sehr hohem Kapital. Für Klein- und Mittelbetriebe ist dieses Finanzierungsinstrument nicht interessant, weil sie nur schwer die Börsenzulassung erhalten werden. Die fixen Kosten sind erst bei einer Emission in Millionenhöhe aufzufangen.

d) Konkurrenz von privaten und öffentlichen Anleihen
Um das knappe langfristige Kreditkapital konkurriert die Privatwirtschaft mit der öffentlichen Hand.

Die öffentliche Hand genießt dabei zahlreiche Vorteile:
− sie unterliegt keinem Börsenzulassungsverfahren (kein Börsenprospekt),
− sie braucht für die Emission keine staatliche Genehmigung,
− öffentliche Anleihen sind von Hause aus mündelsicher, deckungsstockfähig, und lombardfähig,
− öffentliche Anleihen genießen unter Umständen Steuervorteile.

Die Reaktion der privaten Wirtschaft besteht darin, daß
− sie eine höhere Verzinsung gewährt, die deutlich über den Sparzinsen liegt,
− die Anleihe unter ihrem Nennwert (unter pari) ausgegeben wird.
Manchmal wird auch eine Pari-Ausgabe mit einem Rückzahlungskurs über Nennwert verbunden.

Ganz selten sind Unterpariausgaben und Überpari-Rückzahlungen. Zinsen und Tilgung beziehen sich dabei immer auf den Nennwert.

Weitere Anreize sind verschiedene Sonderrechte, die mit der Ausgabe von Obligationen verbunden werden können, z.B. Umwandlung in Beteiligungsrechte (Wandelobligation), Zubilligen von zusätzlichen Gewinnanteilen neben einem festen Zins (Gewinnschuldverschreibung).

e) Innovative Anleihen
In den vergangenen Jahren sind neue Anleihetypen entstanden.
− Null-Kupon Anleihen (Zero Bonds):
  sie werden unter pari emittiert und in einem Betrag am Ende der Laufzeit (10 − 20 Jahre) zu 100 % zurückgezahlt.

— *Variabel verzinsliche Anleihen (Floating Rate Notes):*
der Zinssatz wird regelmäßig an einen vorher festgelegten Referenzzinssatz
angepaßt,
z. B.   LIBOR   = London interbank offered rate
        LIBID   = London interbank bid rate
        LIMEAN = arithmet. Mittel aus LIBOR und LIBID
        FIBOR   = Frankfurt interbank offered rate

— *Indexanleihen:*
orientieren sich an einem bestimmten Index, z. B. Aktienindex, Preisindex für
Gold bzw. für eine bestimmte Devise.
In der Bundesrepublik müssen Indexanleihen durch die Bundesbank genehmigt werden. Man kann dies aber umgehen, denn im Ausland domizilierende
Töchter deutscher Unternehmungen können ohne Bundesbankgenehmigung
emittieren und hier vertreiben.

— *Doppelwährungsanleihe:*
wird nominal emittiert und zurückgezahlt.
Die Rückzahlung erfolgt in einer anderen Währung als die Kapitalaufnahme.
Zinsen werden entweder in der einen oder der anderen Währung gezahlt, und
zwar als fester oder als variabler Zinssatz.

— *Swap Anleihen:*
Zwei Kapitalnehmer emittieren je eine Anleihe mit unterschiedlichen Konditionen und tauschen bestimmte aus den Anleihen resultierende Verpflichtungen gegenüber den Gläubigern untereinander aus,
z. B. Zinsswaps und Währungsswaps.

3.2.4.3 Das Schuldscheindarlehen

a) Begriff und Kennzeichnung
Ein Schuldscheindarlehen ist ein langfristiger Kredit, der von Kapitalsammelstellen entweder aufgrund eines Schuldscheines oder ohne Ausstellung eines Schuldscheines gewährt wird. Das Schuldscheindarlehen wird nicht an der Börse gehandelt, es ist jedoch beschränkt fungibel, weil es zur leichteren Unterbringung bei
den Kreditgebern in Teilbeträgen — mindestens 100 000. — DM — abgetreten
wird. Über die Teilbeträge können Teilschuldscheine ausgestellt werden.

Der Kredit entsteht dadurch, daß zwischen Kapitalgeber und Kapitalnehmer individuell ein Schuldverhältnis ausgehandelt wird. Die Aufnahme des Darlehens kann
direkt bei den Kreditgebern oder über einen Vermittler erfolgen. Der letztere

Weg ist heute der übliche, wobei die Vermittler (z.B. Banken, Bankenkonsortien, Finanzmakler) die Kreditwürdigkeitsprüfung übernehmen, erforderliche Unterlagen beibringen (z.b. Bestellung von Sicherheiten) und sich um die Deckungsfähigkeit kümmern.

Der *Schuldschein* ist eine Beweiskurkunde, die gesetzlich nicht definiert wurde. Er stellt kein Wertpapier dar, bietet aber einen verstärkten Gläubigerschutz. Der Besitz des Schuldscheines gibt den Anschein eines Beweises, so daß im Streitfall die Beweislast auf den Schuldner verlagert wird. Um seine Forderungen geltend zu machen, ist der Besitz des Schuldscheines nicht erforderlich. Daher wird heute weitgehend darauf verzichtet.

Die *Deckungsstockfähigkeit* ist im allgemeinen notwendig, wenn Versicherungen als Kreditgeber auftreten. Versicherungen bilden für die Deckung künftiger Verpflichtungen ein Sondervermögen, den Deckungsstock. Alle Vermögenswerte in diesem Deckungsstock müssen strengen Bestimmungen genügen, die im Versicherungsaufsichtsgesetz (VAG) sowie durch das Bundesaufsichtsamt für das Versicherungs- und Bausparwesen festgelegt wurden.

Die Anforderungen betreffen:
— Kapitalstruktur (2:1, Fk:Ek).
— Grundkapital/Stammkapital mindestens 6 Millionen;
— Bilanzkennzahlen (Anlagedeckungsgrad, Liquidität);
— Konjunkturabhängigkeit — Standardunternehmen, das keinen übermäßig starken Konjunkturschwankungen ausgesetzt ist;
— Sicherung z.B. Grundpfandrechte, d.h. eine erstrangige vollstreckbare Grundschuld, die höchstens 40 % des Beleihungswertes der Anlagen umfassen darf; Negativklausel, d.h. Verpflichtung, das Vermögen nicht weiter zu belasten bzw. den Altgläubigern die gleichen Sicherheiten zu gewähren, wie den neuen Gläubigern;
— Laufzeit nicht über 15 Jahre;
— Umfang, d.h. ein einzelnes Schuldscheindarlehen darf einen bestimmten Prozentsatz des Deckungsstocks einer Versicherungsgesellschaft nicht übersteigen.

Die Prüfung und Genehmigung jedes Einzelfalles lag bis zum 20.12.1974 beim Bundesaufsichtsamt für das Versicherungs- und Bausparwesen. Seitdem prüfen die Versicherungen die Deckungsstockfähigkeit selbst.
Ohne Einzelgenehmigung sind Schuldscheindarlehen nur deckungsstockfähig, wenn sie regelmäßig zu tilgen oder vom Gläubiger zu kündigen sind und wenn ihre Verzinsung vom Bund oder einem Land gewährleistet wird oder wenn mündelsichere Wertpapiere verpfändet worden sind. Für alle sonstigen Schuldscheindarlehen muß die Deckungsstockfähigkeit beim Bundesaufsichtsamt für das Versicherungs- und Bausparwesen beantragt werden.

Die *Tilgung* des Schuldscheindarlehens kann individuell vereinbart werden. Üblich ist eine tilgungsfreie Zeit, nach der der Schuldner entweder einseitig kündigen oder verstärkt tilgen kann.

b) Kreditgeber – Kreditnehmer

Kreditgeber:
Lebensversicherungen und Pensionskassen sind die Hauptkreditgeber, daneben kommen die Sozialversicherungsträger und die Bundesanstalt für Arbeit infrage. Kreditinstitute treten meist nur vorübergehend als Kreditgeber auf. Sie placieren diese Schuldscheine nach einer gewissen Zeit bei den Kapitalsammelstellen.

Kreditnehmer:
Industrie- und Versorgungsunternehmen (erste Adressen), die den Anforderungen genügen. Emissionsfähige Unternehmen bevorzugen das Schuldscheindarlehen wegen seiner Vorteile gegenüber der Anleihe. Für nichtemissionsfähige Kreditnehmer ist das Schuldscheindarlehen oft die einzige Möglichkeit, um sich langfristige Fremdmittel zu beschaffen, weil es nicht an eine bestimmte Rechtsform gebunden ist.

c) Kosten

Für das Schuldscheindarlehen fallen *einmalig* an:
– ggf. eine Maklergebühr,
– die Eintragung und Löschung der Grundpfandrechte;

laufend sind zu berücksichtigen:
– ggf. eine Treuhandgebühr für den Grundbuchvertreter,
– die Zinsen.

Selbst wenn man berücksichtigt, daß die Zinskosten ca. 0,25 bis 0,5 % über dem Anleihesatz liegen, so wird dieser Umstand überkompensiert, denn an *einmaligen* Kosten fallen beim Schuldscheindarlehen *weg*:
– Konsortialkosten,
– Stückedruck,
– Genehmigungsgebühren nach § 795 BGB,
– Börseneinführungsprovision,
– Prospektdruck,
– Börsenzulassungsgebühr;

von den *laufenden Kosten* entfallen:
– die Kurspflege,
– Auslosungskosten,
– Kuponeinlösungskosten,
– Einlösungsprovision.

Der Kostenvorteil des Schuldscheindarlehens nimmt aber mit steigender Laufzeit und Höhe der Anleihe wieder ab.

d) Vorteile und Nachteile

Betriebswirtschaftlich gesehen dient das Schuldscheindarlehen den gleichen Finanzierungszwecken wie die Anleihe.

(1) *Vorteile, gegenüber der Obligation:*
- Eine behördliche Genehmigung ist nicht notwendig;
- Der Kredit kann ratenweise in Anspruch genommen werden (ab 100 000.— DM); dadurch ist er sehr flexibel;
- Die Kreditbeschaffung ist wesentlich schneller und unkomplizierter als bei der Anleihe;
- Günstigere Tilgungsmöglichkeiten und verbesserte Anpassung an die Liquiditätserwartungen des Kreditnehmers;
- geringere Kosten;
- kürzere Laufzeiten als die Anleihe;
- geringere Publizitätspflichten als bei der Anleihe;

(2) *Nachteile:*
- die begrenzte Aufnahmefähigkeit des Schuldscheinmarktes;
- die mangelnde Fungibilität des Schuldscheindarlehens;
- das anonyme Schuldscheindarlehen entfaltet nicht die Werbewirkung der erfolgreich placierten Anleihe.

(3) Auch der *Gläubiger* hat beim Schuldscheindarlehen Vorteile: Er hat einen guten Einblick in die Verhältnisse des Schuldners. Seine Forderungen haben feste Termine, er muß nicht mit einer Kündigung zu einem für ihn ungünstigen Zeitpunkt rechnen. Es gibt kein Risiko des Kursverfalls. Der Bilanzwert der Forderung ist stets der Nennwert.

Die Rendite ist wegen des Kostenvorteils für den Gläubiger höher als bei einer vergleichbaren Anleihe.

e) Das revolvierende Schuldscheindarlehen

Ein Schuldscheindarlehen kann fristenkongruent oder revolvierend finanziert sein. Beim fristenkongruenten Schuldscheindarlehen wird der Schuldschein laufzeitkonform schon beim Abschluß des Kreditvertrages untergebracht.

Beim revolvierenden Schuldscheindarlehen treten verschiedene Kreditgeber nacheinander in das Schuldverhältnis ein. Makler (Banken und Finanzmakler) sammeln hierbei kurzfristige Geldanlagen (meist für 3 Monate) und vermitteln sie als kurzfristige Kredite. Gleichzeitig bemühen sich die Makler aber laufend um weitere

Kredite, die den Anschluß sicherstellen (ggf. permanente Prolongation der kurzfristigen Kredite). Auf diese Weise werden kurzfristige Geldanlagen in langfristige Kredite transformiert, indem die Gläubiger jeweils ersetzt werden.

Beim Direktrevolving vermittelt der Makler zwischen Kreditnehmer und Kreditgeber. Er gewährleistet mit der Sorgfalt eines ordentlichen Kaufmanns die jeweilige Anschlußfinanzierung. Das Fristen-, Prolongations- und das Zinsrisiko trägt der Kreditnehmer.

Beim Indirektrevolving wird zwischen Kreditnehmer und Kreditgeber eine Bank eingeschaltet, welche das Zins- und das Fristenrisiko trägt.

Die Bank ist juristisch der Kreditgeber, der sich durch revolvierende Termineinlagen refinanziert. Ein derartiger Kredit ist teurer als bei direktem Revolving. Eine Sonderform des indirekt revolvierenden Darlehens ist das durch den Finanzmakler Münnemann geschaffene *System 7 M.* Die Kredite haben hier eine feste Laufzeit von 35 Jahren und werden zu einem vereinbarten festen Zinssatz zur Verfügung gestellt.

Der Finanzmakler übernimmt gegenüber dem Kreditnehmer das Prolongationsrisiko und verpflichtet sich gegenüber dem Kreditgeber zur termingerechten Rückzahlung der kurzfristigen Gelder. Seit 1961 dürfen diese Geschäfte nur noch von Banken getätigt werden (Lex Münnemann).

3.2.4.4 Leasing

Das Wort Leasing wird im Wirtschaftsleben nicht einheitlich verwendet. Man bezeichnet damit eine Vertragsgestaltung, die in verschiedenen Formen in der Praxis vorkommt und die entgeltliche Gebrauchsüberlassung einer Sache oder einer Sachgesamtheit betrifft. Die Eigenart der Gestaltung verbietet aber hier, die Verträge mit Miete oder Pacht im Sinne des BGB gleichzusetzen, denn sie enthalten ebenso Elemente eines Kaufs bzw. einer Darlehensgewährung. Leasing stellt zwar ein Mietverhältnis her, ersetzt aber gleichzeitig eine andere langfristige Finanzierung.
Daher ist es sinnvoll, Leasing als gesonderte Problemstellung der langfristigen Finanzierung zu behandeln.

a) Begriff
Man spricht innerhalb der betrieblichen Finanzwirtschaft von Leasing, wenn Finanzierungsgesellschaften oder andere Unternehmen bewegliche oder unbewegliche Anlagegegenstände einem Dritten zeitlich begrenzt und gegen Entgelt zum Gebrauch überlassen. Vertragspartner sind ein Leasinggeber (Vermieter) und ein Leasingnehmer (Mieter).

b) Erscheinungsformen des Leasing

Die vielfältigen Erscheinungsformen des Leasing lassen sich nach verschiedenen Kriterien ordnen, wobei eine mehrfache Zuordnung möglich ist.

(1) Die Beschaffenheit des Leasing-Objektes

Entsprechend der Beschaffenheit des Leasing kann zwischen Konsumgüterleasing, Investitionsgüterleasing, — wenn auch nur bedingt — second-hand-Leasing und Spezialleasing unterschieden werden.

Als *Konsumgüterleasing* bezeichnet man die kurz- bis mittelfristige Vermietung von höherwertigen Konsumgütern wie Kraftfahrzeuge, Kühlschränke, Rundfunk- und Fernsehgeräte usw. Diese Form ist in den angelsächsischen Staaten seit langem üblich. Allerdings wird dort zur Kennzeichnung nicht „to lease", sondern „to rent" verwendet, um den Unterschied zu Leasing von Anlagegütern zum Ausdruck zu bringen.

Das Konsumgüter-Leasing wird in der Bundesrepublik Deutschland seit Ende 1963 angeboten. Es schließt Serviceleistungen des Leasing-Gebers ein und ist ein Mittel der Absatzförderung. Konsumgüter-Leasing-Verträge sind meist Mietkaufverträge.

Das längerfristige *Investitionsgüter-Leasing* bezieht sich auf bewegliche und unbewegliche Güter des Anlagevermögens. Beim *Mobilien-Leasing* (Equipement Leasing) werden bewegliche Güter wie Maschinen und Fahrzeuge vermietet. Beim *Immobilien-Leasing* (Plant-Leasing) werden unbewegliche Wirtschaftsgüter wie Fabrikanlagen und Verwaltungsgebäude vermietet.

Vom *Second-hand-Leasing* spricht man, wenn der vermietete Gegenstand mehrmals in zeitlichem Abstand an verschiedene Leasingnehmer vermietet wird. Diese Form kommt für Objekte infrage, deren Mietdauer deutlich hinter der betriebsgewöhnlichen Nutzungsdauer zurückbleibt. Second-hand-Leasing hat in der Bundesrepublik Deutschland kaum Bedeutung.

Als *Spezial-Leasing* bezeichnet man Verträge über Leasing-Gegenstände, die speziell auf die Verhältnisse des Leasing-Nehmers zugeschnitten sind und die nach Ablauf der Grundmietzeit regelmäßig nur noch beim Leasing-Nehmer wirtschaflich sinnvoll genutzt werden können.

(2) Der Verpflichtungscharakter des Leasing-Vertrages

Operating-Leasing

Beim Operating-Leasing handelt es sich um einen Vertrag, welcher der Miete im Sinne des BGB sehr nahe steht. Beide Vertragspartner können jederzeit bei Einhaltung gewisser Fristen kündigen. Für Operating-Leasing kommen daher nur solche Objekte infrage, die aufgrund ihrer Beschaffenheit ggf. von mehreren Leasing-Nehmern nacheinander genutzt werden können.

Der Leasing-Geber erhält erst nach einer entsprechenden Mietdauer sein eingesetztes Kapital sowie seine Kapitalkosten vergütet. Er trägt eindeutig das Investitionsrisiko. Der Leasingvertrag schließt meistens entsprechende Serviceleistungen (Wartung, Reparatur) durch den Leasing-Geber ein.

Bei der handels- und steuerrechtlichen Bilanzierung ergeben sich keine Probleme. Die Leasing-Objekte werden beim Leasing-Geber aktiviert und von diesem über die betriebsgewöhnliche Nutzungsdauer abgeschrieben. Für den Leasing-Nehmer stellen die gezahlten Raten Aufwand, d.h. Betriebsausgaben dar.

Beim Operating-Leasing tritt häufig der Hersteller als Leasing-Geber auf (direktes Leasing/Hersteller- oder Produzentenleasing). Für den Leasing-Nehmer hat Operating-Leasing folgende Bedeutung:
— er kann sich an Beschäftigungsschwankungen anpassen, z.B. vorübergehende zusätzliche Absatzmöglichkeiten können wahrgenommen werden ohne dauernde Erweiterung des Anlagevermögens (mit entsprechender Kapitalbindung);
— er kann relativ schnell auf den technischen Fortschritt reagieren, weil das Risiko der Überalterung der Anlagen auf den Leasing-Geber abgewälzt wird.
— er kann Ausfallzeiten durch Kundendienstleistungen des Leasing-Gebers weitgehend abkürzen.
— er kann Liquidität schonen, wenn die Mietraten mit den entsprechenden Umsatzerlösen betragsmäßig wie zeitlich übereinstimmen.

Finance (Finanzierungs) Leasing
Beim Finance-Leasing handelt es sich regelmäßig um indirektes Leasing. Zwischen Hersteller und Abnehmer ist vertraglich der Leasing-Geber eingeschaltet, der das Leasing-Objekt an den Leasing-Nehmer vermietet.

Leasing-Geber kann eine *spezielle Leasing-Gesellschaft* sein, die einen Kaufvertrag mit den Herstellern abschließt und das Leasing-Objekt dem Leasing-Nehmer gemäß vertraglicher Vereinbarung zum Gebrauch überläßt.

Die Auswahl des Leasing-Objekts und (regelmäßig) auch des Lieferanten trifft der Leasing-Nehmer. Der Leasing-Geber übernimmt deshalb keine Haftung hinsichtlich der Art der Konstruktion, der Ausführung und Tauglichkeit des Leasing-Objekts.

Der Vertrag wird erst nach einer entsprechenden Überprüfung der wirtschaftlichen Verhältnisse des Leasing-Nehmers (Kreditwürdigkeitsprüfung) abgeschlossen.

Eine Sonderform ist das *Konzern-Leasing*, wenn die Leasing-Gesellschaft organisatorisch und finanziell in einen Konzern eingegliedert ist und nur mit Konzernmitgliedern kontrahiert. Eine weitere Sonderform ist das *Sale-and-lease-back.* Hier erwirbt eine Unternehmung die Anlagegüter zunächst selbst und veräußert sie dann an eine Leasing-Gesellschaft, welche die eben erworbenen Anlagegüter der Unternehmung wieder zurückvermietet.

In bestimmten Bereichen z. B. Kfz, EDV etc. wird Revolving Leasing praktiziert. Kommt während der Laufzeit des Leasing Vertrages eine technische Verbesserung auf den Markt, wird das alte Modell automatisch ausgetauscht. Damit verfügt der Leasing-Nehmer immer über die neueste Technik. Das schlägt sich natürlich im Preis nieder. Ist der Leasing Vertrag langfristig und existiert für das Gut ein Second-Hand-Markt (Kauf bzw. Leasing), so ist dieser Austausch oft nicht teurer als ein Vertrag ohne Revolving.

Beim Finance-Leasing wird eine feste Grundmietzeit vereinbart, während welcher der Vertrag von keiner Seite gekündigt werden kann. Diese Grundmietzeit ist meist kürzer als die betriebsgewöhnliche Nutzungsdauer des Leasing-Objektes (meist 50—75% der Zeit).

Die montalichen Leasing-Raten sind so berechnet, daß nach Ablauf der Vertragszeit die Anschaffungs- bzw. Herstellkosten des Objektes, die Verzinsung des investierten Kapitals, die Verwaltungskosten und der erwartete Gewinn für den Leasing-Geber gedeckt sind. Das Investitionsrisiko hat der Leasing-Nehmer zu tragen. Neben Reparaturen und Instandhaltungskosten entfallen auf ihn auch die Risiken des Untergangs oder der Verschlechterung des Leasing-Objektes z.B. Entwertung durch technischen Fortschritt. Darüber hinaus wird der Leasing-Nehmer verpflichtet, das Anlagegut zum Nennwert zu versichern. Für die steuerliche und bilanzielle Behandlung des Finance-Lesing ist die Vertragsgestaltung maßgebend.

Man unterscheidet:
— *Leasing-Verträge ohne Optionsrecht*
   Hier werden keine Vereinbarungen für den Zeitraum nach Ablauf der Grundmietzeit getroffen. Der Leasing-Nehmer hat kein Recht auf Option für Kauf oder Verlängerung des Leasing-Vertrages.

Die Objekte sind nach Ablauf der Grundmietzeit noch nicht verbraucht. Der Leasing-Geber muß sich um eine weitere Vermietung bemühen.
Der Leasing-Nehmer ist daher nicht der wirtschaftliche Eigentümer, weil der Leasing-Geber nicht dauerhaft von der Einwirkung auf das Leasing-Objekt angeschlossen ist.
Das Leasing-Objekt wird dem Leasing-Geber zugerechnet. Für die ertragssteuerliche Behandlung ist jedoch entscheidend, ob sich die Grundmietzeit

mit der betriebsgewöhnlichen Nutzungsdauer des Leasing-Objektes deckt oder geringer als diese ist.

— *Leasing-Verträge mit Kaufoption*
Der Leasing-Nehmer hat das Recht, nach Ablauf der Grundmietzeit — sie ist kürzer als die betriebsgewöhnliche Nutzungsdauer — den Gegenstand zu erwerben. Der Kaufpreis beträgt meist nur einen Bruchteil der Anschaffungskosten.

— *Leasing-Verträge mit Mietverlängerungsoption*
Der Leasing-Nehmer hat ein Recht, das Vertragsverhältnis nach Ablauf der Grundmietzeit zu verlängern. Die Miete während des Verlängerungszeitraums beträgt einen geringen Prozentsatz der Grundmiete (ca. 10%). Durch einseitige Willenserklärung kann der Leasing-Nehmer den Leasing-Geber von der Einwirkung auf das Leasing-Objekt ausschließen.

Leasing

Operating-Leasing	Finance-Leasing
Vertrag: jederzeit kündbar	Vertrag: feste Grundmietzeit (unkündbar)
Investitionsrisiko: trägt Leasing-Geber	
Instandhaltung und Reparatur: trägt Leasing-Geber	Investitionsrisiko ⎫ Instandhaltung und Reparatur ⎬ Leasing-Nehmer ⎭
Aktivierung: Leasing-Geber	
Leasing-Raten: Betriebsausgaben	Gebrauchsüberlassung: geringer als betriebsgewöhnliche Nutzungsdauer (50—75%)
direkte Beziehungen kurzfristig	Amortisation innerhalb der Grundmietzeit steuerliche Behandlung nach Leasing-Erlaß indirekte Beziehungen langfristig

Abb. 20: Einteilung nach dem Verpflichtungscharakter des Leasing-Vertrages

Seit Inkrafttreten des steuerlichen Leasing-Erlasses enthalten die Verträge häufig keine Optionen und keine Vereinbarungen über die Behandlung des Leasing-Objektes nach Ablauf der Grundmietzeit. In diesen Fällen kann lediglich aus der Sicht eines sinnvollen wirtschaftlichen Handelns auf das Schicksal nach Ablauf der Grundmietzeit geschlossen werden.

Es wird damit offenkundig, daß der Leasing-Nehmer bei Inanspruchnahme des Finance-Leasing zugleich mit der Investitionsentscheidung die Finanzierungsentscheidung trifft.

c) Leasing in der Handelsbilanz

Die finanzwirtschaftlichen Auswirkungen beim Leasing-Nehmer werden durch die Aufnahme des Leasing-Objektes in die Bilanz bestimmt. Bei Nichtbilanzierung schlägt sich Leasing nur in der Gewinn- und Verlustrechnung nieder. Die Leasing-Gebühren sind Aufwendungen wie Pachten und Mietern. Wird das Leasing-Objekt bilanziert, so ist es — bei gleichzeitiger Passivierung der Leasing-Verbindlichkeit — ins Anlagevermögen aufzunehmen und nach der betriebsgewöhnlichen Nutzungsdauer abzuschreiben. Die Leasingraten werden in einen Zins- und einen Tilgungsanteil aufgespalten. Der Zinsanteil und die Abschreibungen mindern den Erfolg, der Tilgungsanteil reduziert Verbindlichkeiten.

Ob ein Leasing-Objekt in die Bilanz des Leasing-Nehmers aufgenommen werden muß, ist umstritten. Grundsätzlich kommt es nicht auf das bürgerlich-rechtliche Eigentum, sondern auf die wirtschaftliche Zugehörigkeit zum Vermögen des Leasing-Nehmers an. Gemäß § 264 Abs. 2 HGB muß durch die Bilanz ein den tatsächlichen Verhältnissen entsprechendes Bild der Vermögens-, Finanz- und Ertragslage des Unternehmens vermittelt werden. Der Leasingnehmer muß daher den Gegenstand bilanzieren, wenn er der wirtschaftliche Eigentümer ist.

Wenn hierüber Zweifel bestehen, hält es der Hauptfachausschuß des Instituts der Wirtschaftsprüfer für notwendig, das Leasingobjekt gesondert in der Bilanz zu aktivieren und die Leasingverbindlichkeiten zu passivieren.

d) Die steuerliche Behandlung von Leasing-Verträgen

(1) Ertragssteuerliche Zurechnung

Im Steuerrecht werden Leasing-Verhältnisse nach wirtschaftlichen Gesichtspunkten betrachtet. Nach einem Urteil des Bundesfinanzhofes und dem darauf aufbauenden Leasingerlaß des Bundesfinanzministers wird die wirtschaftliche Zugehörigkeit des Leasing-Objektes zum Vermögen des Leasing-Nehmers stets dann angenommen, wenn die *Grundmietzeit* (Grundvertragsdauer) *weniger als 40% oder mehr als 90% der betriebsgewöhnlichen Nutzungsdauer* beträgt. Bei Verträgen mit *Kauf- bzw. Mietverlängerungsoption* kann darüber hinaus nach anderen Kriterien entschieden werden. Bei *Spezial-Leasing* ist das Leasing-

Objekt stets dem Leasing-Nehmer zuzurechnen, ohne Rücksicht auf die sonstige Vertragsgestaltung. Die Ertragssteuerliche Behandlung wird auch für die anderen Steuern übernommen.

(2) Vermögenssteuer

Der zuzurechnende Leasing-Gegenstand wird mit dem Wert in die Vermögensaufstellung des Leasing-Nehmers aufgenommen, der nach dem Bewertungsgesetz anzusetzen ist. Die Leasing-Raten werden mit ihrem Gegenwartswert als Schuld abgesetzt.

(3) Gewerbesteuer

Zur Ermittlung des Gewerbekapitals muß die nach den ertragssteuerlichen Grundsätzen passivierte Schuld, sofern sie eine Laufzeit von mehr als einem Jahr hat, als Dauerschuld behandelt und dem Einheitswert zugerechnet werden. Die Zinsanteile der Leasing-Raten werden dem Gewerbeertrag zugerechnet.

e) Neue Vertragsformen

(1) Leasing-Verträge mit Andienungsrecht

Der Leasing-Nehmer muß das Leasing-Objekt auf Verlangen des Leasing-Gebers zu dem Preis kaufen, der bei Vertragsabschluß festgelegt wird. Der Leasing-Nehmer hat aber kein Recht, den Erwerb des Objektes zu verlangen. Er trägt auch das Wertminderungsrisiko, weil er selbst bei niedrigerem Wert zum vereinbarten Preis erwerben muß. Das Objekt wird steuerlich dem Leasing-Geber zugeordnet.

(2) Aufteilung des Mehrerlöses

Nach Ablauf der Grundmietzeit wird das Leasing-Objekt durch den Leasing-Geber veräußert. Ist der Erlös niedriger als die Differenz zwischen den gesamten Kosten und der Summe der entrichteten Leasing-Raten, muß der Leasing-Nehmer diese Differenz tragen. Ist der Erlös höher als die Restamortisation. erhält der Leasing-Nehmer 75% und der Leasing-Geber 25% des Veräußerungsgewinns. Das Leasing-Objekt ist daher dem Leasing-Nehmer zuzurechnen.
Erhält der Leasinggeber aber mehr als 25% vom Veräußerungsgewinn, dann wird das Objekt ihm zugerechnet.

(3) Kündbarer Mietvertrag mit Anrechnung des Veräußerungserlöses

Der Leasing-Nehmer kann den Vertrag nach Ablauf der Grundmietzeit kündigen. Er muß aber eine Abschlußzahlung in Höhe der Differenz zwischen den geleisteten Raten und den Gesamtkosten des Leasing-Gebers leisten, auf die 90% des Verkaufserlöses angerechnet werden.
Da das Risiko der Wertminderung beim Leasing-Nehmer liegt, wird das Leasing-Objekt dem Leasing-Geber zugerechnet.

f) praktische Durchführung des Leasing

Wenn ein Produktionsbetrieb eine neue Maschine braucht und diese durch Leasing finanzieren will, wendet er sich an eine Leasinggesellschaft und schließt mit ihr einen Vertrag über die Miete der Maschine ab.

Der Leasing-Nehmer sucht sich die Maschine bei einem Hersteller aus und wendet sich danach an den Leasing-Geber. Dieser kauft die Maschine vom Hersteller und vermietet sie dem Leasing-Nehmer. Dem Vertragsabschluß geht meist eine Kreditwürdigkeitsprüfung voraus, die aber nicht an so strenge Maßstäbe gebunden ist, wie die Prüfung durch eine Geschäftsbank. Einigen sich die Vertragspartner, wird der Leasing-Vertrag abgeschlossen. Das Leasing-Objekt geht vom Produzenten direkt an den Leasing-Nehmer. Dieser überprüft es für den Leasing-Geber und nimmt es damit ab. Eine Bestätigung hierüber (Übernahmebestätigung) wird dem Leasing-Geber übersandt. Erst wenn sie vorliegt, bezahlt der Leasing-Geber das Objekt dem Produzenten. Erzielte Skonti oder Rabatte kommen dem Leasing-Nehmer voll zugute.

Je nach Vertragstyp sind während der Laufzeit Wartung, Instandhaltung und Versicherung vom Leasing-Nehmer zu tragen. Er ist auch verantwortlich, daß das Objekt funktionsgerecht und ordnungsgemäß erhalten bleibt.

Am Ende der Vertragszeit wird meist wegen einer Verlängerung verhandelt. Der Lasing-Nehmer sollte in jedem Fall rechtzeitig über die weitere Vertragsgestaltung informiert werden.

g) Kosten

Die Leasing-Kosten bestehen in der Regel aus:
den laufenden Leasing-Raten, einer evtl. Abschlußgebühr und der Verlängerungsmiete bzw. dem Restkaufpreis bei der Ausübung der Kaufoption. Die Leasingraten sind dabei so kalkuliert, daß sie während der Grundmietzeit schon 120—150% des Anschaffungswertes ausmachen. Die einmalige Abschlußgebühr beträgt meistens ca. 5% der Anschaffungskosten. Berücksichtigt man ferner, daß bei bestimmten Verträgen der Leasingnehmer auch am Veräußerungserlös des Leasingobjektes nicht beteiligt ist, sind die Kosten relativ hoch.

h) Finanzwirtschaftliche Aspekte

(1) Kapitalbindung — Kapitalfreisetzung
Die Leasingraten werden aus künftigen Überschüssen bezahlt, d.h. das Leasingobjekt wird in Gebrauch genommen, ohne daß der Kaufpreis hierfür sofort voll gebunden wird. Das finanzielle Gleichgewicht kann aber dadurch gestört werden, daß die Kapitalfreisetzung durch die Nutzung des Leasing-Objektes in bestimmten Teilperioden der Gesamtnutzungsdauer geringer ist als die zu leisten-

den Leasing-Raten. Die Abschreibungsgegenwerte werden geringer sein als die Summe der bereits entrichteten Raten. In Höhe der Differenz zwischen beiden Werten tritt neuer Kapitalbedarf auf. Je stärker solche Abweichungen sind, desto deutlicher wird diese Lücke.

(2) Liquidität
Wenn auch keine Liquiditätserhöhung mit Leasing verbunden ist, so wird Liquidität geschont, denn die vorhandene Liquidität bleibt zunächt unangetastet.
Eine echte Erhöhung tritt nur beim „Sale and lease back" ein. Dies ist aber bei jeder Fremdfinanzierung mindestens ebenso. Hat der Kredit darüber hinaus tilgungsfreie Jahre, dann ist der klassische Kredit im Vorteil.

Die Kosten des Leasing sind sehr hoch, sie übersteigen die der Eigenfinanzierung und der normalen Fremdfinanzierung. Regelmäßige Zins- und Tilgungsverpflichtungen entziehen der Betriebswirtschaft fortwährend Liquidität. Für die Beurteilung der Liquiditätslage ist aber weniger der Gesamtentzug, sondern die Belastung in den einzelnen Perioden wichtig. Diese Teilbelastung ist in der Regel umso geringer, je länger die Grundmietzeit dauert, weil sich die Kosten auf eine längere Zeitspanne verteilen.

(3) Rentabilität
Die Rentabilität wird durch die hohen Leasingkosten belastet. Damit ist Leasing insgesamt gesehen teurer als jede andere langfristige Finanzierung. Geht man aber davon aus, daß Kapital, das für die Anschaffung eines Objektes nicht benötigt wird, anderen Zwecken zugeführt werden kann, dann wird dieser Nachteil kompensiert. Die gleiche Möglichkeit besteht aber wiederum bei jeder Fremdfinanzierung. Steuervorteile ergeben sich nur dann, wenn das Leasing-Objekt dem Leasing-Geber zugerechnet wird, d.h. wenn die Leasing-Raten für den Leasing-Nehmer in voller Höhe Betriebsausgaben sind.

(4) Abschließende Würdigung
Die Abwicklung von Leasing-Geschäften ist meist unkomplizierter als die Einräumung von Krediten. Leasing ist daher eine Alternative für Betriebswirtschaften, deren Kreditspielraum durch mangelnde Sicherheiten begrenzt ist.
Die höhere Investitionsflexibilität ist immer im Zusammenhang mit der Grundmietzeit zu sehen. Fest vereinbarte Grundmietzeiten erlauben keine schnelle Anpassung an den technischen Fortschritt.

Vorteile:
(1) Temporäre Schonung der Liquidität durch Verlagerung der Ausgaben,
(2) Variationsmöglichkeiten bei der Ausgestaltung des Leasing-Vertrages,
(3) Größere kalkulatorische Übersichtlichkeit der Leasing-Kosten,
(4) Verbreiterter Finanzierungsspielraum durch risikobereiteres Kapitalangebot und zusätzliche Kreditgeber,

(5) Sicherheit ist die Ertragskraft des Leasing-Nehmers.

Nachteile:
(1) höhere Kosten,
(2) starre Mietverpflichtung,
(3) kein automatischer Anspruch auf Restwertgewinne.

3.2.4.5 Franchising

a) Kennzeichnung

Franchising (frz — Abgabefreiheit) ist eine besondere Form der absatzwirtschaft-
lichen Kooperaton, bei der ein Franchise-Geber einer größeren Anzahl von Fran-
chise-Nehmern den Vertrieb seiner Erzeugnisse überträgt. Dabei leistet der Franchise-Geber Absatz- und Finanzierungshilfe.
Der Franchise-Geber stellt seinen Namen, eine Marke oder andere Schutzrechte
sowie bestimmte Ausstattungen zur Verfügung. Darüber hinaus erhält der Franchise-Nehmer Unterstützung bei der Werbung in organisatorischer, schulungs-
und finanzierungsmäßiger Hinsicht. Sogar die Überlassung von Sachanlagen und
immateriellen Gütern ist eingeschlossen. Es handelt sich dabei um ein Dauer-
schuldverhältnis. Angesichts der langfristigen Bindung beider Parteien bringen
diese Verträge auch besondere Verpflichtungen mit sich, so muß z.B. die Kündigung aus wichtigem Grund jederzeit möglich sein.

b) Kosten
Üblich ist ein Kaufpreis von 1% der Zahlungseingänge aus dem Franchise-Ge-
schäft.

c) Finanzwirtschaftliche Bedeutung
In der Bundesrepublik ist der Vertrieb bei Photo-Porst, Rosenthal, WMF, Lan-
come, im Gaststättengewerbe und auch bei Tiefkühlkost franchiseähnlich aufgebaut. Bei der Vertragsvereinbarung kann man natürlich einen Finanzierungs-
schwerpunkt festlegen. Nicht zu übersehen ist jedoch bei allen Typen die
Finanzierungshilfe, die der Franchisegeber auch dadurch gewährt, daß er ständig
ein Auslieferungslager beim Franchise-Nehmer unterhält.

3.2.4.6 Die Subventionsfinanzierung

a) Subventionen
sollen hier als finanzielle Hilfen aller Art verstanden werden, welche die öffentliche Hand notleidenden oder förderungswürdigen Betriebswirtschaften ohne
marktwirtschaftliche Gegenleistung gewährt.
Häufig werden mit der Gewährung der Subventionen bestimmte staatliche Ver-
wendungsauflagen gekoppelt, z.B. Schaffung neuer Arbeitsplätze etc.

b) Formen der staatlichen Hilfe

(1) direkte Hilfen sind die unmittelbaren Geld- oder Sachübertragungen an die Betriebswirtschaft, z. B. Zinsbeihilfen, Tilgungsbeihilfen, öffentliche Kredite, verlorene Zuschüsse, Schuldenerlaß (Steuererlaß), Finanzierungshilfen durch Gewährung zusätzlicher Erträge, Sicherheitsleistungen etc.
(2) indirekte Hilfen bestehen in den Möglichkeiten, über freigesetztes Kapital anderweitig verfügen zu können, z.B. Sondertarife im Steuerrecht.

c) Bedeutung

Der Subventionsfinanzierung sind durch Gesetze und Verordnungen relativ enge Grenzen gezogen. Lediglich ein bestimmter Kreis kommt überhaupt in Frage. Der potentielle Subventionsempfänger kann von sich aus allenfalls die staatlichen Auflagen der Förderungswürdigkeit herstellen, z.B. Standortwahl in einem Förderungsgebiet.
Weitere Einflußmöglichkeiten existieren nicht. Daher hat die Subvention als Finanzierungsinstrument nur eine geringe Bedeutung.

3.3 Kapitalbeteiligung für die Arbeitnehmer

3.3.1 Das Mitarbeiterdarlehen

Die Grundidee dieser Finanzierungsform ist, den Mitarbeiter über ein finanzielles Engagement stärker an die Unternehmung zu binden. Die Mittel hierzu kommen aus der Gewinnbeteiligung oder aus einem Investivlohn, d. h. ein bestimmter Teil einer Lohnerhöhung wird nicht in bar ausgeschüttet, sondern investiv angelegt. Beim betrieblichen Investivlohn beteiligt sich der Mitarbeiter an seiner Unternehmung. Beim überbetrieblichen Investivlohn werden die Mittel über einen Arbeitnehmerfonds investiven Zwecken zugeführt. Das Mitarbeiterdarlehen ist von seiner Zielsetzung mehr ein vermögenspolitisches als ein finanzwirtschaftliches Instrument, da die Kapitalmenge durch die entsprechenden Regelungen (Tarifverträge, Betriebsvereinbarungen und Einzelverträge) begrenzt wird. Auch die einzuhaltende Bindungsfrist von mindestens 6 Jahren ist für manche Anleger ein Hemmnis. Das Mitarbeiterdarlehen ist aber häufig der Einstieg in die Beteiligung der Arbeitnehmer. Nach Ablauf der Bindungsfrist können die Darlehensbeträge oft in eine Eigenkapitalbeteiligung umgewandelt werden.

3.3.2 Die Mitarbeiterbeteiligung nach dem Vermögensbildungsgesetz

Mit dem Gesetz zur Förderung der Vermögensbildung der Arbeitnehmer sollten zusätzliche Impulse zur Vermögensbildung der Arbeitnehmer gegeben werden. Der Arbeitgeber legt einen Teil der Geldleistungen, die er für den Arbeitnehmer erbringt, zugunsten des Arbeitnehmers an. Durch das 5. Vermögensbildungs-gesetz vom 19.2.1987 werden zusätzlich zur bisherigen 624-Mark-Regelung je Arbeitnehmer 312,– DM vermögenswirksame Leistungen begünstigt, wenn der Arbeitnehmer damit Beteiligungswerte erwirbt. Zu diesen Werten gehören z. B. Aktien, Belegschaftsaktien, Genußscheine, GmbH-Anteile, Genossenschaftsanteile, stille Beteiligungen und Mitarbeiterdarlehen. Dem Anleger wird im Rahmen der staatlichen Sparförderung dabei eine Arbeitnehmer-Sparzulage gewährt, wenn er die im Gesetz festgelegten Voraussetzungen erfüllt (Einkommenshöhe, Familienstand). Auch hierbei handelt es sich primär um ein Instrument der Vermögenspolitik. Die Finanzierungsüberlegung kam erst in zweiter Linie. Die Mittel werden auch sehr langsam und in kleinen Beträgen aufgebracht, und es ist jedem Mitarbeiter freigestellt, sich zu beteiligen. Daher kann diese Kapitalquelle allenfalls der Abrundung der Bedarfsdeckung dienen.

Wiederholungsfragen zu C 3.2.4 (Die langfristigen Kreditfinanzierungs-instrumente)

1. Was versteht man unter dem Deckungsstock?

2. Welche Sicherheiten sind bei Schuldschein-Darlehen üblich?

3. Was versteht man unter der Negativ-Klausel?

4. Vergleichen Sie die Finanzierungsalternativen Schuldscheindarlehen und Anleihe miteinander!

5. Was versteht man unter der „Degussa-Klausel"?

6. Was ist eine „Zins-Konversion"?

7. Mit welchen Kosten ist die Emission einer Industrie-Obligation verbunden?

8. Welche Vorteile genießen die öffentlichen Anleihen in der Bundesrepublik Deutschland?

9. Nach welchen Kriterien wird das Leasing-Objekt steuerlich dem Leasing-Geber bzw. dem Leasing-Nehmer zugerechnet?

10. Welche finanzwirtschaftlichen Vorteile bietet Franchising dem Franchise-Nehmer?

4. Die Innenfinanzierung

Bei der Innenfinanzierung werden einer Betriebswirtschaft Mittel zur Verfügung gestellt, die aus dem laufenden Betriebsprozeß entstanden sind. Dies kann vom Absatz der Fertigprodukte herrühren oder durch eine Vermögensumschichtung bzw. eine sonstige Maßnahme bewirkt werden.

In der betriebswirtschaftlichen Literatur wird der Begriff Innenfinanzierung unterschiedlich verwendet. Nach *kapitalwirtschaftlicher Auffassung* sind es solche Vorgänge, bei denen durch eine konkrete Gewinnverwendungsentscheidung die Kapitalbildung im Betrieb eingeleitet wurde.

Nach *monetärer Auffassung* rechnen alle liquiden Mittel zur Innenfinanzierung, die der Betriebswirtschaft zugeflossen sind und über die sie — zumindest für eine bestimmte Zeit — frei disponieren kann, d.h. alle Zuflüsse einer Periode, denen in der gleichen Periode keine Auszahlungen gegenüberstehen. Da wir Finanzwirtschaft als Steuerung der Geldbewegung auffassen, verwenden wir den monetären Begriff.

Die Mittel, über die im Rahmen der Innenfinanzierung verfügt wird, fließen zwar von außen zu, sind aber meist Teile des Produktpreises (Verkaufserlöses). Innenfinanzierung ist möglich, wenn
- liquide Mittel aus dem Betriebsprozeß (normale bzw. außergewöhnliche Umsätze) zufließen;
und
- dem Zufluß in der gleichen Periode keine Auszahlungen gegenüberstehen.

Die verfügbare Differenz ist der *finanzwirtschaftliche Überschuß*. Er zeigt uns die Mittel, die in einer Periode für die Innenfinanzierung zur Verfügung standen. Dieser Überschuß kann am Ende einer Periode als *Cash-flow* ermittelt werden. Eine Übersicht vermittel die Abbildung 21.

4.1 Die Gewinnthesaurierung

4.1.1 Begriff und Arten

Die Finanzierung durch zurückbehaltene Gewinne (Gewinnthesaurierung) wird in der Literatur als *Selbstfinanzierung* bezeichnet.

111

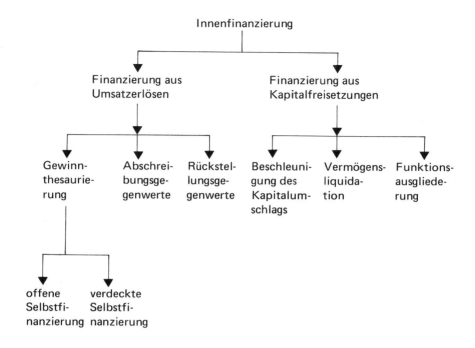

Abb. 21: Innenfinanzierung

Werden die einbehaltenen Gewinne in der Bilanz ausgewiesen (offene Rücklagen, Gewinnvortrag), dann spricht man von
— *offener Selbstfinanzierung,*
  ansonsten von
— *verdeckter (stiller) Selbstfinanzierung,*
  wenn die Gewinne im Jahresabschluß nicht ausgewiesen werden (stille Reserven).
Voraussetzung jeder Selbstfinanzierung ist, daß
— Gewinne erzielt wurden,
— ein Rest nach Privatentnahmen, Steuern und sofort fälligen Ausgaben übrig bleibt.
Ferner sollte beachtet werden, daß Gewinnermittlung und -verwendung meist zeitlich auseinanderfallen. So hat selbst der Bilanzgewinn mit disponibler Liquidität noch nichts zu tun. Ein ausgewiesener Gewinn ist meist noch kein Liquiditätszufluß. Er ist im Betrieb gebunden, z.B. Umlaufvermögen (Forderungen, Fertigungsprodukte).

4.1.2 Die offene Selbstfinanzierung

Die offene Selbstfinanzierung wird aus dem Bilanzgewinn heraus betrieben, indem man Teile bzw. den gesamten ausgewiesenen Gewinn nicht ausschüttet.

Bei Einzelunternehmen und Personengesellschaften werden die einbehaltenen Teile den Eigenkapitalkonten zugeschrieben. Bei Kapitalgesellschaften und Genossenschaften wird der thesaurierte Gewinn den offenen Rücklagen zugeführt.

Der einbehaltene Gewinn wird dabei besteuert (Einkommen- bzw. Körperschaftssteuer), so daß für die Finanzierung nur der verminderte Betrag nach Steuern zur Verfügung steht.

Bei den Aktiengesellschaften unterscheiden wir gesetzliche, freie und statuarische Rücklagen.

Durch § 150 des Aktiengesetzes (AktG) ist die Aktiengesellschaft verpflichtet, eine *gesetzliche Rücklage* zu bilden, der jährlich mindestens 5% des Jahresgewinns zugeführt werden muß, bis diese Rücklage 10% des Grundkapitals erreicht hat. Die Satzung kann auch einen höheren Prozentsatz des Grundkapitals vorsehen. Die gesetzliche Rücklage darf nur zum Ausgleich eines Verlustes verwendet werden, sofern dieser nicht durch einen Gewinnvortrag aus dem Vorjahr oder durch die Auflösung der freien Rücklage gedeckt werden kann.

Vorstand und Aufsichtsrat können, wenn sie den Jahresabschluß feststellen, bis zu 50% des Jahresgewinns (abzüglich der in die gesetzliche Rücklagen einzustellenden Beträge und ggf. eines Verlustvortrages) den freien Rücklagen zuführen. Die Satzung kann auch einen höheren Prozentsatz vorsehen. Die gesetzlich festgelegte Obergrenze der freien Rücklagen ist erreicht, wenn diese 50% des Grundkapitals betragen (§ 58, Abs. 2 AktG). Sieht die Satzung vor, daß bestimmte Beträge des Jahresgewinns in die freien Rücklagen eingestellt werden müssen, dann spricht man von *statuarischen Rücklagen*. Auch für sie gilt die gesetzliche Obergrenze von 50% des Grundkapitals.

Eine Sonderstellung nehmen die *steuerfreien Rücklagen* ein, die gesondert in der Bilanz ausgewiesen werden (in der aktienrechtlichen Bilanz: Sonderposten mit Rücklagenanteil) z.B. Gewinne aus der Veräußerung bestimmter Anlagegüter (§ 6b EStG), Rücklagen für Ersatzbeschaffung (Abschn. 35 EStR). Diese Gewinne entstehen bei der Veräußerung bzw. beim zwangsweisen Ausscheiden von Vermögensgegenständen. Sie müssen aber innerhalb einer bestimmten Zeit auf andere Anlage- oder Ersatzgüter übertragen werden und vermindern so die Anschaffungs- bzw. Herstellungskosten. Dies reduziert den künftigen Abschreibungsaufwand und erhöht die steuerpflichtigen Gewinne späterer Perioden.

Über die Steuerverschiebung kommt es aber zu einer indirekten Liquidität-wirkung und zu einem Finanzierungseffekt, denn der Fiskus gewährt durch diese Verschiebung der Ertragssteuern gewissermaßen einen zinslosen Kredit.

4.1.3 Die verdeckte (stille) Selbstfinanzierung

Die stille Selbstfinanzierung entsteht, wenn Gewinne im Jahresabschluß nicht ausgewiesen bzw. in Passivposten versteckt werden.

Die Bilanzierungsvorschriften lassen nämlich Wahlmöglichkeiten bei der Aktivierung und bei der Bewertung zu, die den Gewinnausweis verringern und stille Reserven entstehen lassen.

Es sind dies:
(1) Unterbewertung von Aktiva durch
a) Unterlassung der Aktivierung
z.b. geringwertige Wirtschaftsgüter, entgeltlicher Erwerb immaterieller Güter (Patente);
b) niedriger Wertansatz von Vermögensteilen
z.b. Abschreibungen über dem tatsächlichen Werteverzehr, u.a. Sonderabschreibungen zur Investitionsförderung, niedrigere Herstellkosten bei Halb- und Fertigfabrikaten;
c) Unterlassung oder Unmöglichkeit der Zuschreibung bei Wertsteigerungen von Aktiva
z.b. Bei Grundstücken wird der Anschaffungswert beibehalten, obwohl inzwischen Wertsteigerungen eingetreten sind.
(2) Überbewertung der Passiva
z.B. höherer Ausweis der Verbindlichkeiten (Rückstellungen).

Diese Maßnahmen können teilweise nach freier Entscheidung getroffen werden, teilweise sind sie bilanzrechtlich zwingend vorgeschrieben z.B. Niederstwert-prinzip.

Die Finanzierung der stillen Selbstfinanzierung besteht darin, daß die Gewinne, die nach außen hin nicht erscheinen, auch nicht ausgeschüttet werden. Damit ist eine Steuerstundung verbunden. Freilich kann der gegenwärtige Liquiditätsge-winn später — nach Auflösung der stillen Reserven — durch die Nachversteue-rung die Liquidität erheblich belasten. Zunächst stehen die Beträge der Betriebs-wirtschaft voll zur Verfügung. Stille Bewertungsreserven sind erst dann finanz-wirtschaftlich wirksam und der stillen Selbstfinanzierung zuzurechnen, wenn liquide Mittel zufließen, denen in der gleichen Periode keine Auszahlungen gegenüberstehen. Zur Selbstfinanzierung können daher nur jene Bewertungsakte führen, die einen realisierten Gewinn für eine bestimmte Zeit binden.

114

Der Umfang der stillen Selbstfinanzierung läßt sich nur mit Schwierigkeit bestimmen, weil meist
— objektive Maßstäbe für die Festlegung des tatsächlichen Wertes eines Vermögensgegenstandes fehlen,
— die Höhe der Inanspruchnahme von Rückstellungen durch Dritte bei ihrer Bildung nicht genau bekannt ist.
Eine sichtbar gezogene Grenze ist das Steuerrecht. Die steuerlichen Bilanzierungsvorschriften lassen eine zu starke Selbstfinanzierung über die stillen Reserven nicht zu.

4.1.4 Betriebswirtschaftliche Beurteilung der Selbstfinanzierung

Eine generelle Beurteilung ist nur schwer möglich, weil zahlreiche Faktoren wie Rechtsform, Betriebsgröße, Besteuerung, Interessenlage etc. jeweils im Einzelfall bewertet werden müssen.

Diese Finanzierung ist für manche Betriebswirtschaften — insbesondere nichtemissionsfähige Unternehmen — oft die einzige Möglichkeit, wenn von außen kein Kapital zu erhalten ist.

Bei nichtemissionsfähigen Unternehmen ist der Einfluß der Anteilseigner bei der Selbstfinanzierung sehr groß und stark mit privaten Absichten verbunden, weil die Gewinnausschüttung die Basis für die Sicherung und Erhöhung ihres Lebensstandards ist.

Bei emissionsfähigen Unternehmen kann man davon ausgehen, daß Firmenleitung (Vorstand) und Anteilseigner unterschiedliche Interessen verfolgen.

Zur Verhaltensweise der Anteilseigner (Anleger) gibt es zwei Thesen: Nach der *Gewinnthese* ist allein der erwirtschaftete Gewinn (Jahresüberschuß) für den Aktienkurs maßgebend. Der einbehaltene Gewinn kommt dem Aktionär beim Verkauf zugute. Die Art der Gewinnverwendung ist für ihn daher zweitrangig.

Nach der *Dividendenthese* ist der Aktienkurs allein von der Höhe des ausgeschütteten Gewinns abhängig. Der Aktionär ist an einer möglichst hohen Ausschüttung interessiert. Beide Thesen sind weder theoretisch haltbar noch empirisch nachgewiesen. Daher ist die *Bestimmung des optimalen Selbstfinanzierungsgrades* nur ein Versuch.

Als optimaler Selbstfinanzierungsgrad wird die Relation zwischen einbehaltenem und erzieltem Gewinn angesehen, bei der die Eigenkapitalkosten, d.h. die verlangte Effektivverzinsung im Vergleich zu anderen Thesaurierungsquoten ein Minimum ist. Entspricht diese Quote nicht den Vorstellungen der Aktionäre, so werden sie ihre Aktien abstoßen. Der Kurs wird sinken. Die Effektivverzinsung und die Eigenkapitalkosten steigen wieder. Läßt sich auf diese Weise ein Selbstfinanzierungsgrad finden, der in der Einschätzung der Aktionäre ein Kursmaximum rechtfertigt, so ist dies das Minimum der Eigenkapitalkosten.

Vorteile der Selbstfinanzierung gegenüber der Kreditfinanzierung:
— keine Zins- und Tilgungsbelastung;
— flexiblere Preisgestaltung möglich durch Zinsverzicht;
— keine Zweckbindung mit dem Kapital verbunden, auch risikoreichere Investitionen sind möglich;
— Verstärkung des Haftungskapitals (bei offener Selbstfinanzierung: bilanzielles Eigenkapital, bei stiller Selbstfinanzierung: effektives Eigenkapital) erweitert den Spielraum für die künftige Verschuldung und vermindert die Krisenanfälligkeit;
— zinsloser Kredit duch Steuerverschiebung bei stiller Selbstfinanzierung;
— keine Sicherheiten zu bestellen.

Vorteile der Selbstfinanzierung gegenüber der Beteiligungsfinanzierung:
— keine Kapitalbeschaffungskosten (u.a. keine Emissionskosten);
— Unabhängigkeit gegenüber den Kapitalgebern, keine Veränderung der Beteiligungs- und Herrschaftsverhältnisse;
— keine Zweckbindung;
— kein Zinsaufwand, keine Dividenden.

Nachteile der Selbstfinanzierung:
— Besteuerung der einbehaltenen Gewinne mit 50 % statt 36 % wie bei ausgeschütteten Gewinnen durch die Körperschaftsteuer.
Wegen dieses gespaltenen Steuersatzes praktizieren viele Gesellschaften die „Schütt-aus-Hol-zurück-Politik", d.h. Gewinnausschüttung mit der Aufforderung an die Anteilseigner, neues Kapital einzubringen. Ob dies vorteilhaft ist, hängt von den Einkommensteuersätzen der Aktionäre ab;
— Verringertes Angebot an Kapital und damit auch eine Störung des Kapitalmarktes;
— Selbstfinanzierung kann u.U. zu Fehlinvestitionen verleiten, wenn keine Investitionsrechnung durchgeführt wird;
— Bilanzverschleierung bei der Bildung stiller Reserven mit der Möglichkeit, den Gewinn zu manipulieren und so Geldgeber und Öffentlichkeit zu täuschen.

Kosten der Gewinnthesaurierung
Die Kosten bestehen aus dem, was durch Einbehaltung der Gewinne an alternativen Ertragsmöglichkeiten entgeht, d.h. die Überschüsse einer potentiellen Alternativanlage, die von den Anteilseignern getätigt werden könnte z.B. Erwerb

anderer Anlagen, Obligationen, Sparbuch, Investmentfonds, Kreditrückzahlungen, Immobilien etc. .

Bei der Kostenermittlung werden Annahmen gemacht, wie diese Überschüsse entstehen können. Eine dieser Annahmen ist die Wiederanlage. Dabei ist zu berücksichtigen, daß Teile des ausgeschütteten Betrages sowohl bei der Ausschüttung z.b. Steuern als auch bei der Wiederanlage z.b. Bankspesen, Maklergebühren etc. verloren gehen. Die Selbstfinanzierungskosten müssen daher um diese Beträge berichtigt werden.

Beispiel: Aktiengewinn unter steuerlichen Aspekten

Der Körperschaftssteuersatz für den ausgeschütteten Gewinn beträgt 36 %. Diese von der Gesellschaft getragene Belastung wird jedoch auf die persönliche Einkommensteuerschuld des inländischen Aktionärs angerechnet.

Dieses Steuerguthaben, das immer 9/16 oder 56,25 % der Bardividende beträgt, erhöht den Ertrag des Aktionärs.

Dividende (DM)	8,00
Steuerguthaben (DM)	4,50
Gesamtbetrag (DM)	12,50

Bei einem persönlichen Steuersatz von 22 % ergibt sich

Bardividende	8,00
+ Steuerguthaben	4,50
Gesamtbetrag	12,50
− Einkommensteuer (22 %)	2,75
	9,75

Aktionären, die nicht zur Einkommensteuer veranlagt werden, wird auf Antrag eine „Nichtveranlagungsbescheinigung" vom Finanzamt ausgestellt. Aufgrund dieser Bescheinigung zahlt das Kreditinstitut die Dividende einschließlich der Kapitalertragssteuer und der Körperschaftssteuergutschrift aus.

Die Kapitalertragssteuer wird mit 25 % der Bardividende erhoben.

Bruttovertrag(DM)	100,—
Körperschaftssteuer (DM)	36,—
Kapitalertragssteuer (DM)	16,—
zu versteuernde Einkünfte	
aus Kapitalvermögen	100,—
Einkommenssteuer 22 %	22,—

Es sind anzurechnen

Kapitalertragssteuer	16,—
Körperschaftssteuerguthaben	36,—
	52,—
vom Finanzamt zu erstatten	30,—

4.2 Finanzierung aus Abschreibungsgegenwerten

4.2.1 Die Abschreibung

Unter Abschreibung wird das Verfahren verstanden, Wertminderungen von Wirtschaftsgütern, die mehrere Perioden lang genutzt werden, als Aufwand auf diese Rechnungsperioden zu verteilen.

Neben der *bilanziellen Abschreibung,* die als Aufwand in die Gewinn- und Verlustrechnung eingeht, werden in der Kostenrechnung (Betriebsabrechnung und Kalkulation) *kalkulatorische Abschreibungen* verrechnet. Die Abschreibung ist daher in erster Linie ein Aufwand- bzw. Kostenfaktor.

4.2.2 Finanzwirtschaftliche Kennzeichnung

Die Abschreibung setzt einen Desinvestitionsprozeß mit einer Vermögensumschichtung in Gang. Anlagegüter werden dadurch wieder in Geld umgewandelt, daß ihr Wertverzehr in Abschreibungsbeträgen erfaßt und in die Verkaufspreise eingerechnet wird. Mit den Umsatzerlösen fließt das investierte Kapital ratenweise zurück. Diese Mittel dienen später zur Finanzierung der Ersatzinvestitionen.

Damit es überhaupt zu einer finanzwirtschaftlichen Relevanz der Abschreibungen kommt, muß
- der verrechnete Abschreibungsaufwand über die Umsatzerlöse verdient werden,
- der Abschreibungsgegenwert als Einzahlung zugeflossen sein.

a) Die zeitliche begrenzte Freisetzung
Die Ersatzbeschaffung ist nicht sofort, sondern erst nach dem Ausscheiden des Wirtschaftsgutes in einigen Jahren notwendig. Da es nicht sinnvoll ist, die bis dahin angefallenen Abschreibungsgegenwerte zu horten, werden diese Beträge zwischenzeitlich anderweitig verwendet. Natürlich muß sichergestellt werden, daß nach Ablauf der Nutzungsdauer der Ersatz finanziert werden kann. Das bedeutet, daß die Kapitalfreisetzung im Grundsatz nur vorübergehend ist und eine Disposition der freigesetzten Mittel dies berücksichtigen muß. Es empfiehlt sich daher eine Verwendung als Liquiditätsreserve, z.B. Guthaben bei der Hausbank, wobei allerdings auf die Rentabilität dieser Verwendung zu achten ist. Die Mittel können auch zur Deckung von Auszahlungen für Roh-, Hilfs- und Betriebsstoffe sowie für Löhne verwendet werden. Bei rückläufigem Kapitalbedarf ist sogar die Rückzahlung von Eigen- oder Fremdkapital denkbar.

Sind die Abschreibungsbeträge höher als der tatsächliche Wertverzehr, dann entstehen stille Reserven, deren Höhe wesentlich vom verwendeten *Abschreibungsverfahren* abhängt.

Die *lineare Abschreibung* von jährlich gleichen Beträgen, die als fester Prozentsatz vom Anschaffungswert ermittelt werden, bewirkt eine gleichbleibende Kapitalfreisetzung für jede Abrechnungsperiode.

Die *degressive Abschreibung* mit jährlich fallenden Beträgen bewirkt eine schnellere Freisetzung, so daß hier noch ein Selbstfinanzierungseffekt auftreten kann.

Die *progressive Abschreibung* arbeitet mit jährlich steigenden Beträgen, ist aber nach deutschem Steuerrecht nicht zulässig.

Die *leistungsabhängige Abschreibung* erfolgt proportional zur Leistungsabgabe und Beanspruchung des Wirtschaftsgutes, d.h. es werden variierende Abschreibungsbeträge verwendet proportional zur Änderung des Beschäftigungsgrades. Die Abschreibungen verlieren somit den Charakter von auf eine Zeitperiode bezogenen festen Kosten. Ein weiterer Selbstfinanzierungseffekt kann dadurch entstehen, daß bilanzielle und kalkulatorische Abschreibungen voneinander abweichen. Die bilanziellen Aufwendungen müssen sich an den Anschaffungs- bzw. Herstellkosten orientieren, während man bei den kalkulatorischen Abschreibungen vom meist wesentlich höheren Wiederbeschaffungswert ausgeht. Wird dieser höhere Ansatz über den Marktpreis vergütet, entsteht wegen der geringeren bilanziellen Abschreibungsbeträge ein Bilanzgewinn, der aber lediglich aus den gestiegenen Wiederbeschaffungspreisen für Vermögensgegenstände herrührt *(Scheingewinn).*

b) Der Bodensatz der Abschreibungsgegenwerte

Praktisch werden nie alle Anlagegüter zum gleichen Zeitpunkt zu ersetzen sein. Sie haben entweder eine unterschiedlich lange Nutzungsdauer oder sie werden bei gleicher Nutzungsdauer zeitlich verschieden angeschafft.

Bei den Mitteln, die für die Ersatzinvestitionen über die Abschreibungsgegenwerte angesammelt werden, bildet sich — ähnlich wie bei den Einlagen der Kreditinstitute — ein Bodensatz, sofern die Zuflüsse auf ein höheres Abrufrisiko angelegt wurden als tatsächlich eintritt.

Bei fünf nacheinander angeschafften Maschinen mit einer Nutzungsdauer von 5 Jahren und bei linearer Abschreibung ergibt sich folgender Verlauf (Abb. 22)

Maschinen \ Abschreibungsgegenwerte je Periode	1	2	3	4	5	6	7	8	9
Maschine 1	2	2	2	2	2	2	2	2	2
Maschine 2		2	2	2	2	2	2	2	2
Maschine 3			2	2	2	2	2	2	2
Maschine 4				2	2	2	2	2	2
Maschine 5					2	2	2	2	2
jährl. Abschreibungsgegenwerte	2	4	6	8	10	10	10	10	10
liquide Mittel (kumuliert)	2	6	12	20	30	30	30	30	30
Reinvestitionen	—	—	—	—	10	10	10	10	10
freigesetzte Mittel (permanent)	2	6	12	20	20	20	20	20	20

Abb. 22: Freigesetzte Mittel aus Abschreibungsgegenwerten

- Die Erzeugnisse der zusätzlichen Aggregate müssen zu aufwanddeckenden Preisen absetzbar sein. Grundsätzlich können nur die Absatzmöglichkeiten den Umfang von Kapazitätserweiterungen bestimmen. Erweiterungsinvestitionen nur zur Ausnutzung des Erweiterungseffektes sind ökonomisch unsinnig.
- Die Erstanschaffungen müssen durch Eigenkapital finanzierbar sein.
- Die Anlagegüter müssen hinreichend teilbar sein.
- Es werden konstante Wiederbeschaffungspreise angenommen. Jeder Preisanstieg schränkt daher Effekt in der Praxis ein.
- Unrealistisch ist auch die Unterstellung, daß während der gesamten Nutzungsdauer eine konstante Leistungsabgabe möglich ist.
- Der Abschreibungsverlauf muß mit dem Nutzungsverlauf übereinstimmen.
- Es wird eine einstufige Fertigung angenommen, die keine kapazitative Abstimmung vornehmen muß.
- Der Bedarf an Umlaufkapital wird vernachlässigt. Eine Erweiterung des Anlagevermögens führt aber regelmäßig zu einem Mehrbedarf an Kapital zur Finanzierung des Umlaufvermögens.

Es bleibt daher in jedem Einzelfall zu untersuchen, ob durch Finanzierung aus Abschreibungsgegenwerten die Kapazität von Betriebswirtschaften effektiv erhöht werden kann.

4.3 Finanzierung aus Rückstellungsgegenwerten

4.3.1 Rückstellungsbegriff

Rückstellungen können als Posten der Rechnungsabgrenzung im weitesten Sinne angesehen werden. Man bildet sie, um Verbindlichkeiten zu erfassen, die in der Abrechnungsperiode verursacht wurden und in einer nachfolgenden zu begleichen sind. Rückstellungen sind daher bilanziell wie finanzwirtschaftlich Fremdkapital, das jedoch nicht von außen zugeflossen ist, sondern innerhalb der Betriebswirtschaft gebildet wurde (eigengebildetes Fremdkapital bzw. innerbetriebliche Fremdfinanzierung).

Rückstellungen sind für alle Verbindlichkeiten zu bilden, die am Stichtag zwar dem Grunde nach, nicht jedoch nach Höhe und Fälligkeit bekannt sind.

Die Beträge, die den Rückstellungen zugeführt werden, ermittelt man daher durch Schätzungen, wobei auch stille Reserven entstehen können.

4.3.2 Rückstellungsarten

Der § 249 HGB unterscheidet folgende Rückstellungsarten:

(1) Rückstellungen für ungewisse Verbindlichkeiten
(2) Rückstellungen für drohende Verluste aus schwebenden Geschäften
(3) Rückstellungen für im Geschäftsjahr unterlassene Aufwendungen für Instandhaltung und Abraumbeseitigung, die im folgenden Geschäftsjahr nachgeholt werden.
(4) Rückstellungen für Gewährleistungen, die ohne rechtliche Verpflichtung erbracht werden.
(5) Rückstellungen für im Geschäftsjahr unterlassene Aufwendungen für Instandhaltung, die später als drei Monate nach dem Abschlußstichtag, aber vor Ablauf des folgenden Geschäftsjahres nachgeholt werden.
(6) Rückstellungen für ihrer Eigenart nach genau umschriebene, dem Geschäftsjahr oder einem früheren Geschäftsjahr zuzuordnende Aufwendungen, die am Abschlußstichtag wahrscheinlich oder sicher, aber hinsichtlich ihrer Höhe oder des Eintrittszeitpunktes unbestimmt sind (Aufwandsrückstellungen).

Für die Sachverhalte (1) mit (4) müssen, für die Sachverhalte (5) und (6) können Rückstellungen gebildet werden.

Unter die Rückstellungen für ungewisse Verbindlichkeiten fallen unter anderem:

— Pensionsverpflichtungen
— Verpflichtungen aus Vorruhestandsvereinbarungen
— Sozialplanverpflichtungen
— Urlaubsansprüche
— Abschlußvergütungen
— Steuerverbindlichkeiten
— Provisionen, Boni, Rabatte
— ausstehende Rechnungen
— Prozeßrisiken

4.3.3 Finanzierungswirkung

Eine Finanzierungswirkung kommt nur dann zustande, wenn die Rückstellungen zu unterschiedlichen Zeitpunkten gebildet und wieder aufgelöst werden. Fällt der Grund, für den eine Verbindlichkeit gebildet wurde, ganz oder teilweise fort, sind die Rückstellungen gewinnerhöhend aufzulösen. Hier wirkt sich nur die Steuerverschiebung aus. Kommt es bei der Bildung von Rückstellungen sogar zu einem Verlust, entfällt die Finanzierungswirkung, wenngleich über einen Ver-

Wegen der laufenden Überschneidung der Nutzungszeiten ergibt sich also ein Bodensatz von 20 Geldeinheiten bzw. 2 Maschinen. Gefahren dieses Vorgehens liegen in einer Fehleinschätzung von Nutzungsdauer und Höhe des Bodensatzes.

Die Nutzungsdauer sollte man möglichst vorsichtig schätzen. Liegt sie nämlich in Wirklichkeit unter der geschätzten, wird unvorhergesehen Liquidität zur Ersatzbeschaffung benötigt, obwohl die Mittel hierfür noch nicht angesammelt wurden. Statt der Bildung eines Bodensatzes wird Kapital vernichtet.

Eine Überschätzung des Bodensatzes oder unverhältnismäßig hoher Mittelabfluß beinhalten dann ein Liquiditätsrisiko, wenn die Mittel aus dem Bodensatz nicht jederzeit liquidierbar angelegt wurden.

Werden die Mittel aus dem Bodensatz sofort wieder investiert, läßt sich unter bestimmten Umständen sogar ein Kapazitätserweiterungseffekt erzielen.

4.2.3 Der Kapazitätserweiterungseffekt

a) Begriff der Kapazität
Unter Kapazität verstehen wir das Leistungsvermögen eines Anlagegutes bzw. des gesamten Anlagebestandes innerhalb eines Betrachtungszeitraumes.

Die *Periodenkapazität* ist das Leistungsvermögen innerhalb einer Nutzungsperiode, die *Totalkapazität* ist die Summe aller noch abzugebenden Nutzungen (Vorrat an Nutzungen), die sich aus dem Produkt Periodenkapazität x Nutzungsdauer ergibt. Durch Ersatzinvestitionen kann die Zahl der Anlagen und damit der Ausstoß pro Periode erhöht werden. Die Totalkapazität bleibt dagegen gleich, weil nur die verbrauchten Leistungseinheiten ersetzt worden sind.

b) Die Kapazitätserweiterung
Bei linearer Abschreibung entspricht die durchschnittliche Kapitalbindungsdauer gerade der Hälfte der Nutzungsdauer. Unterstellt man eine kontinuierliche Abschreibung und Reinvestition, so kann der Kapazitätserweiterungseffekt maximal zu einer Verdoppelung der Periodenkapazität führen. Da es in der Praxis weder kontinuierliche Abschreibungen noch kontinuierliche Reinvestitionen gibt, ist der Effekt stets kleiner.

In dem nachstehenden Beispiel wird angenommen, daß eine Betriebswirtschaft in fünf aufeinanderfolgendne Jahren je ein Aggregat zum Preis von DM 3.000 beschafft. Die Nutzungsdauer beträgt fünf Jahre. Damit ergibt sich folgender Abschreibungsplan. Da dauerhaft DM 6.000 freigesetzt werden könnte die Kapazität um 2 Aggregate erhöht werden (im 3. Jahr 1 Aggregat zusätzlich und im 4.

Jahr ein weiteres Aggregat). Dieser Vorgang wird in der Literatur als „Lohmann-Ruchti-Effekt" bezeichnet (siehe Abb. 23).

c) Beurteilung

Das Ausmaß des Kapazitätserweiterungseffekts ist von zahlreichen Voraussetzungen abhängig, die in der Realität entweder überhaupt nicht oder nur teilweise vorhanden sind:
- Die Abschreibungen müssen vom Markt in liquider Form zur Verfügung gestellt werden.
- Die Abschreibungsgegenwerte müssen kontinuierlich in gleichartigen Anlagen investiert werden. Der technische Fortschritt wird nicht berücksichtigt.

Maschinen \ Jahre	1	2	3	4	5	6	7	8	9	10
1	600	600	600	600	600	600	600	600	600	600
2		600	600	600	600	600	600	600	600	600
3			600	600	600	600	600	600	600	600
4				600	600	600	600	600	600	600
5					600	600	600	600	600	600
jährl. Abschreibungswerte	600	1200	1800	2400	3000	3000	3000	3000	3000	3000
liquide Mittel (kumuliert)	600	1800	3600	6000	9000	9000	9000	9000	9000	9000
Reinvestitionen	—	—	—	—	3000	3000	3000	3000	3000	3000
freiges. Mittel (permanent)	600	1800	3600	6000	6000	6000	6000	6000	6000	6000

Kapazitätserweiterung ab dem 3. Jahr möglich

es können permanent 2 zusätzliche Maschinen finanziert werden

Abb. 23: Der Kapazitätserweiterungseffekt (Lohmann-Ruchti-Effekt)

lustvortrag diese in einer späteren Gewinnperiode nachgeholt werden kann. Je länger Rückstellungen zur Verfügung stehen, desto größer ist ihre finanzwirtschaftliche Bedeutung. Vorausgesetzt wird, daß die Rückstellungsgegenwerte tatsächlich zugeflossen sind. Die Entscheidung, ob Rückstellungen kurz-, mittel- oder langfristig sind, hängt im wesentlichen von deren Zweck ab.

Die Mehrzahl aller Rückstellungsfälle ist kurzfristig. Sie werden im folgenden Geschäftsjahr aufgelöst, z.B. Rückstellungen für Steuernachzahlungen, Urlaubsgelder, unterlassene Instandsetzung und Abraumbeseitigung, Rückstellungen für drohende Verluste aus schwebenden Geschäften, Prozeßrisiken etc.

Der Finanzierungseffekt ist daher begrenzt. Da aber die entsprechenden Rückstellungen jährlich neu gebildet werden, kann ein Bodensatz entstehen. Besonders wirkt sich dieser bei langfristigen Rückstellungen aus. Zu ihnen gehören die Pensionsrückstellungen und in gewissem Umfang auch die Rückstellungen für Garantieverpflichtungen, wenn die Garantiefristen über mehrere Jahre laufen.

4.3.4 Pensionsrückstellungen

Pensionsrückstellungen stehen immer langfristig zur Verfügung. Bei manchen Kaptialgesellschaften übersteigen sie sogar das Grundkapital. Verpflichtet sich ein Unternehmen gegenüber seiner Belegschaft zur Zahlung von Pensionen (Alters-, Invaliden- oder Hinterbliebenenbezüge), dann kann es bereits vom Zeitpunkt der Zusage an Rückstellungen bilden. Wird der Anteil versicherungsmathematisch berechnet und enthält die Pensionszusage keine Vorbehalte, dann werden die Pensionsrückstellungen steuerlich anerkannt. Dies bedeutet, daß die Rückstellungsbeträge als Betriebsausgaben (Aufwendungen für Löhne und Gehälter) gelten und hinsichtlich der Ertragssteuern (Einkommensteuer, Körperschaftssteuer, Gewerbeertragssteuer) sowie der Vermögens- und der Gewerbekapitalsteuer begünstigt sind und den steuerpflichten Gewinn reduzieren. Die Liquiditätswirkung wird um die Steuerverschiebung erhöht.

Werden Pensionszusagen neu eingeführt, so ist die Finanzierungswirkung hoch, weil nur Rückstellungen gebildet werden, ohne daß Pensionen zu zahlen sind (Phase I). Sind zu einem späteren Zeitpunkt Zuflüsse und Abflüsse des Pensionsfonds ausgeglichen, so tritt zwar kein zusätzlicher Finanzierungseffekt auf (Phase II), der Bodensatz steht aber als dauerhaftes Kapital zur Verfügung (Badewannentheorem). Übersteigen dagegen die Pensionszahlungen die Zuführung zu den Rückstellungen, gehen finanzielle Mittel verloren. Der Finanzierungseffekt wird negativ (Phase III) (siehe Abb. 24).

Einen wesentlichen Einfluß auf die Finanzierungswirkung übt die Gewinnverwendung aus. Bei vollständiger oder teilweiser Ausschüttung bleiben die Pen-

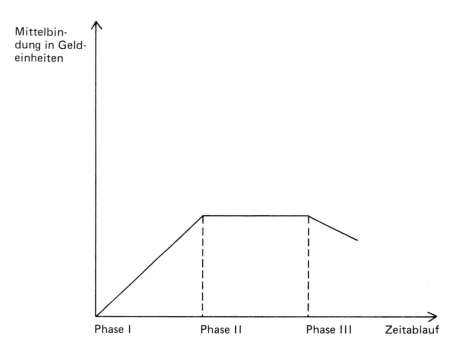

Abb. 24: Finanzierungswirkung der Pensionsrückstellungen

sionsrückstellungen voll als zusätzlicher Finanzierungsbetrag erhalten. Wäre der Gewinn aber thesauriert worden, bestünde die Finanzierungswirkung nur in Höhe der ersparten Ertrags- und Substanzsteuern.

Weil die Pensionsrückstellungen zu Lasten des Gewinns gebildet werden, führt dies bei schlechter Ertragslage zu Gewinnminderungen bzw. sogar zu einem Verlustausweis. Wenn man dann die Zuführung unterläßt und sie erst aus den Überschüssen künftiger Perioden nachholt, verschlechtert man die Ertragslage, weil steuerrechtlich Pensionsrückstellungen nicht nachträglich gebildet werden können.

Insofern beinhaltet die Finanzierung durch Pensionsrückstellungen ein Rentabilitätsrisiko. Auch versicherungstechnische Faktoren wirken sich auf Liquidität und Rentabilität negativ aus. Wenn z.B. bei einem kleinen Kreis von Anspruchsberechtigten vorzeitiges Ableben und vorzeitige Invalidität durch Rückdeckungsversicherungen aufgefangen wird, mindert dies natürlich die Finanzierungswirkung. Oft werden rechtlich *selbständige Pensionskassen* errichtet, an welche die Betriebswirtschaft ihre Beiträge in der Höhe der sonst zu bildenden Rückstel-

126

lungen abführt. Die nicht benötigten Beträge stellt die Pensionskasse der Betriebswirtschaft wieder als verzinsliches Darlehen zur Verfügung.

4.4 Die Beschleunigung des Kapitalumschlages

Eine Vermögensschichtung innerhalb der regulären Umsatzprozesse ist neben den Abschreibungen durch die Beschleunigung des Kapitalumschlags möglich. Sie wird immer Rationalisierungsmaßnahmen nach sich ziehen. Diese Beschleunigung kann entweder durch neue Produktionsverfahren eintreten oder durch Verbesserung der bisherigen Fertigungsmethoden hervorgerufen werden oder die Folge von Maßnahmen im Verwaltungsbereich sein.

Das Kapital wird durch eine Reduzierung des Aufwandes freigesetzt, z.b. Einsparung von Personal, Energie, Material oder durch Beschleunigung der Dauer für die Herstellung des Produktes. Dies alles erhöht den Gewinn und steigert die Rentabilität. So kann durch eine bessere Terminierung und eine Abstimmung des Einkaufs mit der Produktion der Lagerbestand verringert werden.
Je nach Marktsituation läßt sich der Kapitalumschlag auch durch die Erhöhung bzw. Vorverlegung der Einzahlungen und die Senkung bzw. Verschiebung der Auszahlungen beeinflussen.

Der Finanzierungseffekt hängt von der Art der Gewinnverwendung bzw. der Bilanzpolitik (stille Reservenbildung) ab.

4.5 Die Funktionsausgliederung

Von einer Funktionsausgliederung spricht man, wenn Teilbereiche der Produktion anderen Betriebswirtschaften übertragen werden. Man verzichtet auf eigene Teilleistungen, indem man sie durch Leistungen Dritter ersetzt. Hierbei können sowohl leistungswirtschaftliche — Vor- und Nachstufen — als auch finanzwirtschaftliche Funktionen (Debitoreninkasso, Kreditorenzahlung unter Schuldübernahme durch eine Spezialbank) infrage kommen. Aus dem Verkauf der nicht mehr benötigten eigenen Anlagen fließt Liquidität zu, die sowohl horizontale (Minderauszahlungen bei Beschaffung, Lagerhaltung und ggf. Löhnen) als auch vertikale (Zusatzauszahlungen für Fremdleistungen) Zahlungsverknüpfungen zur Folge hat.

Die Einzahlungsseite kann auch dadurch berührt werden, daß die Kapazitäts-verringerung, die mit der Funktionsausgliederung verbunden ist, Bilanzstruktur und Sicherheiten so verändert, daß potentielle wie aktuelle Kreditgeber die Kreditlinien reduzieren. Aus diesem Grunde ist die Funktionsausgliederung finanzwirtschaftlich nicht ganz problemlos.

4.6 Vermögensliquidation

Eine Möglichkeit der Kapitalbeschaffung ist der Verkauf nicht betriebsnotwendiger Anlagen und sonstiger Gegenstände. So werden zunächst bisher in Grundstücken und Wertpapieren gebundene Mittel freigesetzt, weiterhin sonstiges Anlage- und das Umlaufvermögen. Der Verkauf bedeutet meist eine Kapazitätsverminderung. Dies mag erwünscht sein, wenn man sich einer rückläufigen Entwicklung anpassen muß. Die Einschränkung kann aber auch erzwungen werden, wenn auf andere Weise der Ausgleich von Kapitalbedarf und -deckung und damit die Existenz der Betriebswirtschaft nicht aufrechterhalten werden kann.

Wiederholungsfragen zu C 4 Innenfinanzierung

1. Grenzen Sie die Innenfinanzierung gegenüber der Außenfinanzierung ab und zeigen Sie die verschiedenen Möglichkeiten der Innenfinanzierung auf.

2. Welche Vorteile hat die Gewinnthesaurierung gegenüber
   a) der Kreditfinanzierung
   b) der Beteiligungsfinanzierung?

3. *Kann durch Auflösung von Rücklagen ein Liquiditätsengpaß überwunden werden? Begründen Sie ihre Ansicht.*

4. *Warum ist der Finanzierungseffekt bei langfristigen Rückstellungen stärker ausgeprägt als bei kurzfristigen Rückstellungen?*

5. *Welche Folgen hat es, wenn die bilanziellen Abschreibungen höher sind als die kalkulatorischen und wenn die ersteren am Markt echt „verdient" werden?*

6. *Wie wirkt sich die Beschleunigung des Kapitalumschlags auf den Kapitalbedarf aus?*

7. *Warum werden Rückstellungen gebildet?*

5. Die Auslandsfinanzierung

Begriff

Auslandsfinanzierung bedeutet Kapitalbeschaffung im Ausland. Hierbei kann es sich um Holgelder (deutsche Firmen nehmen Kredite bei Schweizer Banken auf bzw. legen Anleihen im Ausland auf) oder um Bringgelder (eine US-Bank errichtet in Deutschland eine Niederlassung und stellt aus US-Mitteln deutschen Kunden Kredite zur Verfügung bzw. ein asiatischer Schuldner plaziert eine auf US-Dollar lautende Anleihe in Deutschland). Die Auslandsfinanzierung konkurriert mit der Kapitalbeschaffung im Inland.

Motive

der Auslandsfinanzierung sind:
— knappe inländische Finanzierungsmittel,
— leichtere Kapitalbeschaffung im Ausland,
— Kostengesichtspunkte
  z. B das internationale Zinsgefälle, jedoch können Zusatzkosten anfallen wie Steuern (Ausländerdiskriminierung), Emissionsprovisionen, nationale Spezialgebühren, Mindestguthaben (Bardepotkosten);
— Spekulationen.

Probleme

— das *Konvertibilitätsrisiko,*
— die *Bonitätsanforderungen* sind im Hinblick auf Ladesgrenzen und Entfernungen wesentlich höher als bei Inlandskrediten;
— hohes *Kündigungsrisiko* des ausländischen Kapitals — außer Effektenkapital;
— *Währungsrisiko.*

Durch Kursschwankungen und Paritätsänderungen kann ein Gewinn oder ein Verlust entstehen. Der mit dem Risikoeintritt verbundene Verlust führt zu späteren Kosten. Maßnahmen der Kurssicherung machen diese Kosten schon in der Gegenwart kalkulierbar, z.B. Devisentermingeschäfte, Swap-Geschäfte, Vereinbarung einer Valutaklausel (sie muß von der Bundesbank genehmigt werden).

Bedeutung

Mit zunehmender internationaler Verflechtung hat auch die Auslandsfinanzierung an Bedeutung gewonnen.

Der Kreis der Kreditnehmer ist im wesentlichen auf erste Adressen, d.h. Weltunternehmen beschränkt. Mittelbar können darüber hinaus andere Großunternehmen an diesem Markt teilnehmen, wenn sie den Weg über ihre Bank wählen.

6. Die Außenhandelsfinanzierung

Die Bezahlung von Leistungen im Außenhandel wird entweder sofort vorgenommen oder ist mit der Beanspruchung eines Kredites verbunden. Kredit ist hier nicht nur der Einsatz von Fremdkapital, sondern auch die fremde Haftung, d.h. Haftung der Banken.

Im Außenhandel stehen den Beteiligten im Prinzip alle Kreditarten zur Verfügung. Wegen der besonderen Risiken bei Import wie Export haben sich aber spezielle Formen herausgebildet.

6.1 Rechtsquellen

Im Außenhandel gelten die Normen des internationalen Privatrechts, besondere Vereinbarungen, die Allgemeinen Geschäftsbedingungen der Banken und die Richtlinien der Internationalen Handelskammer (IHK) in Paris.

Z. B. Broschüre Nr. 322 der IHK ,,Einheitliche Richtlinien für Inkassi'' (gültig seit 1.1.1979); Broschüre Nr. 222 der IHK ,,Einheitliche Richtlinien und Gebräuche für Dokumenten-Akkreditive'' (gültig seit 1.10.1984); ,,Einheitliche Richtlinien für Vertragsgarantien'' (Broschüre Nr. 325).

6.2 Kurzfristige Instrumente

6.2.1 Das Akkreditiv

Ein Akkreditiv ist der Auftrag eines Kunden an seine Bank, aus seinem Guthaben an einen Dritten (Begünstigten) eine bestimmte Geldsumme zu bezahlen, sofern die von ihm gestellten Bedingungen vorliegen. Beim *Barakkreditiv* sind diese Bedingungen auf die Legitimationsprüfung (Ausweispapiere) und Unterschriftsleistung beschränkt.

Beim *Waren- oder Dokumentenakkreditiv* ist die Auszahlung an die Übergabe bestimmter Dokumente gebunden, die das verkaufte Gut repräsentieren. Die Bank verpflichtet sich gegenüber dem Verkäufer, Zug um Zug gegen die Dokumente zu zahlen. Das Warenrisiko liegt beim Käufer, da er zahlen muß, bevor er die Ware prüfen kann. Das Gläubigerrisiko des Verkäufers wird weitgehend ausgeschaltet. Geschieht die Auszahlung aus dem Guthaben des Akkreditivstellers bzw. hat er sofort anzuschaffen, wird kein Kredit eröffnet. Die Abwicklung eines deratigen Vertrages (Geschäftsbesorgung) erfolgt in der Regel nach den Richtlinien der IHK. Ein Kunde, z.B. ein Importeur, gibt seiner Hausbank (Akkreditivbank) den Auftrag zur Eröffnung eines Akkreditivs (Akkreditivauftrag). Die Hausbank bedient sich einer Korrespondenzbank im Land des Exporteurs (Akkreditivstelle), welcher die Akkreditiveröffnung mitgeteilt wird. Die Akkreditivstelle avisiert dem Exporteur (Begünstigter) die Eröffnung und die Bedingungen des Akkreditivs. Darauf hin werden die Waren verschifft, die Dokumente übergeben und dem Begünstigten wird der Akkreditivbetrag ausbezahlt. Anstelle der Zahlung kann auch die Verpflichtung zur Annahme eines Wechsels treten Den Ablauf zeigt Abbildung 25.

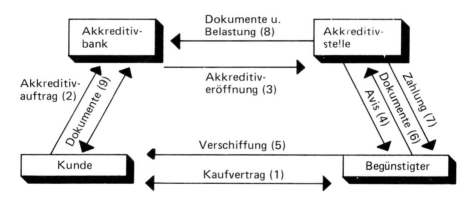

Abb. 25: Ablauf eines Dokumentenakkreditivgeschäftes

Das reine *Dokumenteninkasso* ist dem Akkreditivgeschäft ähnlich, gewährt aber dem Exporteur geringere Sicherheiten, da hier keine Bankgarantie vorliegt.

Sollen die Dokumente nur gegen Zahlung ausgehändigt werden, spricht man von documents against payment ($d/_p$), soll eine Aushändigung der Dokumente gegen Akzept erfolgen, handelt es sich um documents against acceptance d/$_a$. Im letzten Fall kann der Exporteur den Wechsel diskontieren lassen und verfügt über den Erlös.

Akkreditive können *widerruflich* oder *unwiderruflich* erteilt werden. Im Außenhandel werden meistens unwiderrufliche Akkreditive verwendet, weil sie dem

Exporteur bessere Sicherheiten bieten. Nach Erfüllung der Bedingung gibt es keine Einrede gegen die Zahlung. Eine verstärkte Sicherung ist das bestätigte Akkreditiv. Neben der akkreditierenden haftet eine weitere Bank für die Zahlung. Wegen der damit verbundenen Kosten (Bankprovisionen) werden bestätigte Akkreditivs nur selten verwendet.

Wird der Betrag erst nach der Eröffnung durch die Akkreditivstelle vom Kunden angeschafft, ist mit dem Akkreditiv eine Kreditleihe verbunden. Das gleiche gilt auch vertikal. Hier ist mit dem Akkreditiv ein Wechselgeschäft verbunden.

Die Akkreditivklauseln können vorsehen, daß der Exporteur bereits vor Versendung der Ware und der Einreichung der Dokumente einen Vorschuß erhalten kann. Dies dient zur Finanzierung des Versands (packing credit).

6.2.2 Der Rembourskredit

Begnügt sich der Exporteur nicht mit der Unterschrift des Importeurs, fordert er in der Regel ein Bankakzept.

Die akzeptierende Bank (Remboursbank) ist heute meist die Hausbank des Exporteurs. Haben Bank des Exporteurs und Bank des Importeurs keine Kontoverbindung, wird eine Korrespondesbank als Remboursbank eingeschaltet. Dadurch entstehen für den Kreditnehmer (Importeur) weitere Spesen. Der Exporteur kann den akzeptierten Wechsel diskontieren lassen und verfügt so über Liquidität. Der Rembourskredit ist eine Kombination von Akzept- und Diskontkredit. Den Laufweg von Ware und Geld zeigt Abb. 26.

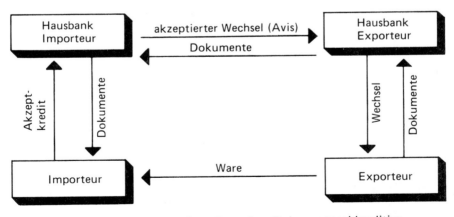

Abb. 26: Rebourskredit auf der Grundlage eines Dokumentenakkreditivs

Der Währungsbarvorschuß

Ist die Ware in fremder Währung fakturiert, wird meist auch der Kredit in dieser Währung beansprucht. Die Bank stellt daher den Kreditbetrag in der gewünschten Währung zur Verfügung. Sie entnimmt ihn entweder eigenen Mitteln oder beansprucht ihre Kreditlinie bei ausländischen Korrespondenzbanken. Die Laufzeit kann dem Grundgeschäft angepaßt werden. Der Währungsbarvorschuß löst den Rembourskredit mehr und mehr ab.

6.2.3 Der Negotiationskredit

Negotiationskredite (lat. negotium = Geschäft) sind spezielle Diskontkredite, wobei das Geschäft häufig mit einem Akkreditiv oder einer akkreditivähnlichen Ermächtigung verbunden ist.

Bei der *authority to purchase* ermächtigt die Bank des Importeurs die Hausbank des Exporteurs — oder eine sonstige Bank im Land des Exporteurs — eine vom Exporteur auf den Importeur gezogene Tratte zusammen mit den Dokumenten zu ihren Lasten anzukaufen (negoziieren). Die Bank des Exporteurs belastet den Wechsel der Bank des Importeurs. Als Hauptschuldner haftet ausschließlich der Importeur.

Die *order to negotiate* beinhaltet ein Bankakzept. Die Bank des Importeurs beauftragt die Bank des Exporteurs, eine auf sie gezogene Tratte mit den Dokumenten anzukaufen. Die Importeurbank ist damit wechselverpflichtet. Der commercial letter of credit (CLC) ist ein akkreditivähnliches Zahlungsversprechen, das direkt an den Begünstigten adressiert wird. Dieser kann die Tratte mit den Dokumenten und dem commercial letter of credit jeder beliebigen Bank zum Kauf anbieten. Trägt der CLC den Vermerk „negotiation restricted to . . . " ist der Ankauf nur bei der angegebenen Bank möglich.

6.2.4 Exportfactoring

Exportfactoring ist dem normalen Factoring sehr ähnlich. Bei diesem Geschäft sind zwei Factorbanken (Korrespondenzbanken) beteiligt. Der Exporteur bietet die Forderungen seiner Factorbank zum Kauf an. Diese setzt sich mit einer Factorbank im Land des Importeurs in Verbindung. Bei positivem Bescheid werden die Forderungen angekauft und dem Importfactor weitergegeben, der sie einzieht und ggf. auch das Mahnwesen und die Rechtsverfolgung übernimmt. Der Importfactor wird als Unterfactor des Exportfactors tätig. Je nach Vertrag übernehmen die Beteiligten neben der Finanzierungsfunktion allein oder gemeinsam auch das Delcredere.

6.2.5 Exportforfaitierung

Forfaitierung (französisch a forfait, d.h. in Bausch und Bogen) ist der regreßlose Verkauf einer Forderung eines deutschen Herstellers bzw. Händlers an eine in- oder ausländische Bank bzw. Finanzierungsgesellschaft bei gleichzeitiger Übergabe ausreichender Sicherheiten. Forderungen lauten gegenwärtig auf US $ bzw. sfr. Die Kosten sind in der Praxis relativ hoch, wenn auch je Land und Laufzeit unterschiedlich (ca. 6 — 11 % p.a.).

Der Nutzen besteht in der Bilanzentlastung und dem Fortfall sonstiger Kosten und Risiken. Kleinere und mittlere Unternehmen sehen hier oft die einzige Möglichkeit, einen Exportauftrag zu finanzieren. Im Unterschied zum Factoring werden ausschließlich einzelne Forderungen verkauft (keine zusätzlichen Leistungen). Beim Factoring handelt es sich dagegen um den gesamten gegenwärtigen bzw. künftigen Bestand.

6.3 Mittel- und langfristige Instrumente

6.3.1 Staatliche Exportgarantien und -bürgschaften

Im Export sind Zahlungsbedingungen ein wichtiges Wettbewerbsargument. Um konkurrieren zu können, müssen Kredite häufig für mehrere Jahre eingeräumt werden. Die Belastung kann die Exportwirtschaft allein nicht tragen. Da der Staat aus wirtschaftspolitischen Gründen am Export interessiert ist, gewährt er sowohl zur Überbrückung der Produktionszeit als auch zur Gewährung von Zahlungszielen Garantien und Bürgschaften.

Abgewickelt werden diese Geschäfte über die Hermes Kreditversicherungs-AG und die Treuarbeit AG. Der Bund stellt hierfür einen Kreditrahmen zur Verfügung.

Der Bürge steht für wirtschaftliche und politische Risiken ein z.B. Zahlungsverbot, Moratorien, Konvertierungsverbot, Transferierungsverbot. Der Exporteur ist mit 10 — 20 % Selbstbehalt beteiligt. Diese Bürgschaften bzw. Garantien ermöglichen dem Exporteur, Kredite bzw. günstige Bedingungen für die Abwicklung seiner Geschäfte zu erhalten und so auf dem internationalen Markt konkurrenzfähig zu bleiben.

6.3.2 Kredite durch Spezialkreditinstitute

a) *Die Ausfuhrkreditgesellschaft mbH (AKA)*
Die Ausfuhrkreditgesellschaft, hinter der etwa 50 Banken stehen, bietet günstige
Kredite (Diskontkredite) zur Finanzierung von Exportgeschäften der Investitions-
güterindustrie.

Es stehen drei Kreditlinien (Plafonds) und zwar A, B und C zur Verfügung. Grundsätzlich werden nur fest abgeschlossene Verträge über Lieferungen und Leistungen finanziert, die den handelsüblichen Bedingungen entsprechen und die durch
Bundesgarantien bzw. Bürgschaften abgesichert sind.

Über die Kreditsumme werden Solawechsel an die Order der AKA ausgestellt —
nach maximal 90 Tagen wird mit dem Kreditnehmer abgerechnet. Die Höchst-
laufzeit derartiger Kredite beträgt 10 Jahre.

b) *Gesellschaft zur Finanzierung von Industrieanlagen mbH (GeFI)*
Sie dient der Finanzierung von Interzonenhandelsgeschäften. Die Träger und das
Personal ist mit der AKA identisch. Die Kredite werden auch wie bei der AKA
abgewickelt.

c) *Kreditanstalt für Wiederaufbau*
Sie ist eine Körperschaft des öffentlichen Rechtes und gewährt langfristige Ex-
portkredite an inländische Lieferanten und an Bestellerfirmen im Ausland. Die
Kredite werden regelmäßig als Anschlußfinanzierung zu Krediten der AKA oder
von Geschäftsbanken gewährt, sofern eine Hermesdeckung vorliegt. Für den Aufbau von Auslandsniederlassungen und zum Erwerb von Beteiligungen in Entwicklungsländern steht ein ERP-Programm vor allem für Klein- und Mittelbetriebe zur
Verfügung.

d) *Hermesdeckungen*
Die Hermes Kreditversicherungs AG übernimmt im Auftrag des Bundes die
Absicherung wirtschaftlicher und politischer Risiken bei Exportgeschäften.

1. Welche Risiken sind mit der Auslandsfinanzierung verbunden?

2. Was ist ein Akkreditiv?

3. Wie wird der Rembourskredit abgewickelt?

4. Welche Finanzierungswirkung haben Exportgarantien und Exportbürgschaften des Bundes?

6.4 Joint Ventures

6.4.1 Begriff

Als Joint Venture bezeichnet man eine Gemeinschaftsunternehmung, die als Kapitalbeteiligung zwischen zwei oder mehr Parteien gebildet wird, wobei Geschäftsführung und Risiko zwischen den Parteien aufgeteilt werden.

6.4.2 Zielsetzung und Organisation

Diese Form wird sowohl im nationalen Rahmen als auch vor allem für die grenzüberschreitende Kooperation gewählt. Dies gilt besonders für Staatshandels- und Entwicklungsländer, weil dort die inländischen Partner ausreichenden Einfluß auf die entstehende Unternehmung wünschen.

Joint Ventures werden im allgemeinen als Kapitalgesellschaften gegründet, wobei das im Anlageland gültige Gesellschaftsrecht verbindlich ist. Eine derartige Gemeinschaftsunternehmung verfolgt in erster Linie beschaffungs- und absatzpolitische Ziele, indem über diese Form der Zusammenarbeit der Zugang zu den jeweiligen Märkten gesichert werden soll. Dabei können Aktivitäten auch auf Drittländer ausgedeht werden (tripartite cooperation).

6.4.3 Partner

Das Zentralproblem bei der Errichtung eines Joint Venture ist die Auswahl eines fachlich geeigneten und kapitalkräftigen Partners. Hierbei kommen natürliche und juristische Personen des Gastlandes in Frage, aber auch nationale und internationale Entwicklungsbanken und Entwicklungsgesellschaften sowie staatliche und parastaatliche Unternehmungen und Institutionen. Speziell für deutsche Unternehmungen kommt als zusätzlicher Partner für Joint Ventures in Entwicklungsländern die deutsche Finanzierungsgesellschaft für Beteiligungen in Betracht.

6.4.4 Vertragsgestaltung

Ein typisches Joint-Venture-Vertragswerk besteht aus

— dem *Gesellschaftsvertrag,* in dem die gesellschaftlichen Inhalte geregelt werden (Name, Sitz, Organe, Kapitalanteile etc.);
— dem *Joint-Venture-Vertrag,* in dem die Absprachen enthalten sind, die nicht publiziert werden sollen:
z. B. Ziel und Dauer der Zusammenarbeit, Besetzung der Organe, Ressortzuständigkeit, Deckung des zusätzlichen Finanzbedarfs, Bewertung der eingebrachten Dienst- und Sachleistungen, Gewinn-/Verlustaufteilung, Konfliktregelung etc.;
— ggf. den *separaten Leistungsverträgen* zwischen den Partnern und der Gemeinschaftsunternehmung, z. B. Management-, technische Dienstleistungs- oder Lieferverträge.

6.4.5 Die Kapitalaufbringung

Das Kapital wird in der Regel von beiden Partnern aufgebracht. Die jeweilige Höhe wird durch das Handels- und Niederlassungsrecht des Anlagestaates bestimmt. Dieser Prozentsatz des „einheimischen" Kapitals soll eine Mindestbeteiligung am Gewinn, Kapital und Know-how sicherstellen. Diese vorgeschriebene Mindestquote für lokale Partner ist von Staat zu Staat unterschiedlich und reicht von der Paritätsbeteiligung (je 50 %) über eine einfache Mehrheitsbeteiligung (51 %) bis hin zur voll beherrschten Auslandsgesellschaft (100 % ausländisches Kapital).

Im konkreten Fall wird die Beteiligungsquote jeweils von der Verhandlungsstärke des Auslandsinvestors und der Regierung des Gastlandes abhängen. Die Position des Auslandsinvestors wird immer dann stark sein, wenn er sich durch sein qualifiziertes Know-How sowohl in den Augen der lokalen Partner als auch in den Augen der Regierung des Gastlandes unentbehrlich macht und so sein Engagement rechtfertigt.

Angesichts großer Widerstände in den meisten Ländern gegen eine 100 %ige ausländische Beteiligung an inländischen Unternehmungen kommen die Mehrheitsbeteiligungen (über 50 % am Kapital), die Paritätsbeteiligungen (50 % am Kapital) sowie die Minderheitsbeteiligungen (unter 50 % am Kapital) in der Praxis in Frage.

Während bei einer Mehrheitsbeteiligung der Investor die Verantwortung und die Entscheidungsbefugnis behält, wird bei der Paritätsbeteiligung oft ein Dritter — häufig eine Entwicklungsbank — in das Vorhaben eingeschaltet, damit keine Patt-Situationen entstehen.

Minderheitsbeteiligungen werden de facto meist durch Managementkontakte zugunsten des ausländischen Investors verbessert, so daß hier auch ein ausreichender Einfluß auf die Geschäftspolitik gesichert ist. Joint Ventures dienen last but not least auch der Absicherung gegen das Transferrisiko. Der Devisenmangel im Standortland verhindert häufig den Gewinntransfer sowie die Bezahlung der bezogenen Lieferungen und Leistungen. Daher werden im Rahmen der separaten Leistungsverträge Gegenleistungen des ausländischen Partners vereinbart, die sowohl zur Weiterverarbeitung im Stammunternehmen als auch zur Sortimentsergänzung bestimmt sein können. Das Problem hier ist natürlich, den Verrechnungspreis der wechselseitigen Leistungen zu bestimmen.

6.4.6 Bewertung

Die Individualität von Joint Ventures läßt es nicht zu, einen Katalog der Probleme und Vorgehensweisen zu erstellen. Risiken bei der Marktanpassung und bei der Leistungsverflechtung müssen mit den Chancen einer Gemeinschaftsunternehmung auf neuen, sonst verschlossenen Märkten abgewogen werden. Durch eine gute und umfassende Vertragsgestaltung lassen sich Gefahrenmomente sicher erheblich reduzieren, ganz beseitigen kann man sie nicht. Um im internationalen Wettbewerb auch in Zukunft bestehen zu können, muß man alle Möglichkeiten prüfen, die den Zutritt zu bestimmten Märkten ermöglichen bzw. absichern. Das Joint Venture ist einer der erfolgversprechendsten Wege hierzu.

Teil D:
Die Finanzkontrolle

1. Die Finanzanalyse

Die Finanzanalyse untersucht die finanzwirtschaftliche Lage in Vergangenheit, Gegenwart und Zukunft. Sie erfaßt sowohl die Struktur des Vermögens und Kapitals (zeitpunktbezogen) als auch den Finanz- bzw. Kapitalfluß (zeitraumbezogen) sowie Quellen und Verwendung des Periodenerfolges.

Bei der *externen Analyse* stützt man sich auf die publizierten Unterlagen wie Bilanzen, Geschäftsberichte, Firmenmitteilungen, Statistiken etc. Die Ermittlung der Daten ist oft problematisch.

Die *interne Analyse* weist kaum Datenprobleme auf, weil diese relativ einfach im Betrieb beschafft werden können, z.B. aus der Kostenrechnung, Finanzplanung, Auftragsbestand etc.

Interessenten der Analyse sind Gläubiger, Anlageberater und Anleger, Lieferanten, Konkurrenten und Kunden. Sie müssen sich in der Regel mit der externen Analyse begnügen.

In der Praxis bedient man sich verschiedener Kennzahlen, die in einen größeren Zusammenhang gestellt und bewertet werden. Man betrachtet mehrere Perioden, damit zufällige Schwankungen und kurzfristige Störungen ausgeschlossen bleiben. Beeinträchtigt werden die Ergebnisse der Finanzanalyse allerdings — sofern sie aus dem Jahresabschluß gewonnen wurden — durch die unterschiedlich wahrgenommenen Bilanzierungs- und Bewertungswahlrechte. Vergleiche sind daher nur schwer möglich.

140

2. Die Bilanzanalyse

Hauptinformationsquelle der externen Analyse ist der Jahresabschluß, weil dieser meist aufgrund der Publizitätsvorschriften veröffentlicht wird. Die Bilanz wird nicht aus finanzwirtschaftlichen Gründen aufgestellt und bezieht sich ausschließlich auf einen vergangenen Stichtag. Der Analytiker muß daher das Ausmaß dieser Beeinträchtigungen zumindest grob abschätzen. So ist der Gewinn finanzwirtschaftlich nicht einwandfrei ermittelt, Ein- und Auszahlungen erscheinen nicht direkt und Liquiditätspositionen kann man nur durch Rückrechnungen ermitteln.

Die Kennzahlen, die der Finanzwirt dem Jahresabschluß entnimmt, betreffen:
— die Kapitalaufbringung
— die Kaptialverwendung
— die Beziehungen zwischen den beiden Größen.

Damit ist die Bilanzanalyse sowohl Strukturanalyse als auch Finanzfluß- und Erfolgsanalyse.

2.1 Die Kapitalaufbringung

Diesen Relationen liegt der Gedanke zugrunde, daß bei Verlusten noch ein genügender Puffer vorhanden sein soll, der die Gläubiger schützt und, daß bei steigenden Kreditzinsen die Ertragslage nicht allzu stark beeinträchtigt wird.

2.1.1 Die Eigenkapitalquote

Das Eigenkapital von Aktiengesellschaften setzt sich zusammen:

Grundkapital (ausstehende Einlagen)
+ Kapitalrücklage gem. § 272 Abs. 2 HGB
+ gesetzliche Rücklage
+ Rücklage für eigene Aktien
+ statuarische Rücklage
+ andere Gewinnrücklagen
+ Bilanzgewinn (ggf. Bilanzverlust)
+ 50 % der Sonderposten mit Rücklagenanteil
_____
= bilanzielles Eigenkapital
+ stille Reserven
_____
= effektives Eigenkapital

Die Quote drückt die Relation von Eigenkapital und Gesamtkapital aus.

$$\text{Eigenkapitalquote} = \frac{\text{Eigenkapital} \times 100}{\text{Gesamtkapital}}$$

Das Eigenkapital besteht aus Grundkapital, Rücklagen und stillen Reserven. Der externe Analytiker kann aber nur die beiden ersten Positionen erfassen.

2.1.2 Der Verschuldungskoeffizient

Aus der Relation von Eigen- und Fremdkapital wird der Verschuldungskoeffizient ermittelt, welcher anzeigt, inwieweit Dritte die Finanzierung beeinflussen.

$$\text{Verschuldungskoeffizient} = \frac{\text{Eigenkapital} \times 100}{\text{Fremdkapital}}$$

2.1.3 Der Anspannungskoeffizient

Der Anspannungskoeffizient zeigt, wie hoch der Fremdkapitalanteil am Gesamtkapital ist.

$$\text{Anspannungskoeffizient} = \frac{\text{Fremdkapital} \times 100}{\text{Gesamtkapital}}$$

Hierbei trennt man oft zwischen langfristigem und kurzfristigem Fremdkapital.

Über den *Anteil des Fremdkapitals am Gesamtkapital* bzw. über die Relation Eigenkapital zu Fremdkapital gibt es unterschiedliche Ansichten. In den USA gilt nach wie vor die 1 : 1 Regel, d.h. das Eigenkapital soll dem Fremdkapitalanteil entsprechen. In der Bundesrepublik hat sich das Verhältnis verschlechtert und bewegt sich im Durchschnitt von 1 : 2 bis 1 : 3.

Eine allgemeinverbindliche Relation gibt es nicht, weil neben anderen Faktoren (z. B. die Wirtschaftslage), Risiko und Rentabilität das optimale Verhältnis im Einzelfall bestimmen.

Diese drei Kennzahlen ordnet man den vertikalen Finanzierungsregeln zu, weil sie etwas über die Proportionen der Kapitalquellen aussagen und nur die Kapitalseite (Passivseite) der Bilanz betreffen.

2.2 Die Kapitalverwendung

Kennzahlen zur Kapitalverwendung beruhen auf der Analyse der Aktivseite.

Man ermittelt die Vermögensstruktur, indem man Postengruppen des Vermögens miteinander vergleicht bzw. in Relation zur Bilanzsumme setzt.

2.2.1 Die Anlageintensität

Die Anlageintensität gibt Auskunft über die Beweglichkeit des Vermögens und den Grad der langfristigen Kapitalbindung.

$$\text{Anlageintensität} \quad = \quad \frac{\text{Anlagevermögen} \times 100}{\text{Gesamtvermögen}}$$

2.2.2 Die Umlaufintensität

Der Anteil des Umlaufvermögens am Gesamtvermögen wird entweder durch die Vorräte d.h. einen hohen Materialbestand oder durch einen hohen Forderungsbestand bestimmt. Die Analyse der Ursachen einer großen Umlaufintensität kann daher zu Fragen führen wie:
— ist die Kapitalbindung durch Lagerbestände zu hoch? oder
— wie steht es um die Zahlungsmoral der Debitoren?

$$\text{Umlaufintensität} \quad = \quad \frac{\text{Umlaufvermögen} \times 100}{\text{Gesamtvermögen}}$$

2.3 Die Beziehungen zwischen Kapitalaufbringung und Kapitalverwendung

Zur Ermittlung dieser Kennziffern werden sowohl die Positionen der Vermögensseite als auch die Kapitalseite herangezogen.

2.3.1 Die Deckungsgrade

Deckungsrelationen sind ein Überwachungsmittel im langfristigen Bereich. In der Praxis verwendet man

$$\text{Deckungsgrad A} = \frac{\text{Eigenkapital}}{\text{Anlagevermögen}} \geqslant 1$$

Reicht das Eigenkapital zur Abdeckung des Anlagevermögens nicht aus, ist der Einsatz von langfristigem Fremdkapital statthaft

$$\text{Deckungsgrad B} = \frac{\text{Eigenkapital} + \text{langfr. Fremdkapital}}{\text{Anlagevermögen}} \geqslant 1$$

Neben dem Anlagevermögen gibt es auch langfristig gebundene Teile des Umlaufvermögens, z.b. der Sicherheitsvorrat sowie solche Bestände, die vorhanden sein müssen, wenn weiter produziert werden soll.

Daher läßt sich formulieren

$$\text{Deckungsgrad C} = \frac{\text{Eigenkapital} + \text{langfr. Fremdkapital}}{\text{langfr. gebundenes Anlage- u. Umlaufvermögen}}$$

Welche Relation günstig ist, versuchen die *horizontalen Finanzierungsregeln* festzulegen.

144

a) *Die goldene Finanzierungsregel*
beruht auf Erfahrung bei der Kreditvergabe, daher wird sie auch als „Goldene Bankregel" bezeichnet.
Sie besagt, daß Bindungsdauer und Überlassungsdauer des Kapitals sich entsprechen müssen (*Fristenkongruenz*).
Kapitalsubstitution und Fristentransformation kennt diese Regel nicht. Weil sie in der ursprünglichen Form nicht unmittelbar angewendet werden kann, wurde sie weiterentwickelt zur
b) *goldenen Bilanzregel*
Sie nimmt eine spezifische Zuordnung von Vermögen und Kapital unter dem Gesichtspunkt der Fristenübereinstimmung vor.
Die engere Interpretation fordert:
das Anlagevermögen sollte voll durch Eigenkapital gedeckt sein.
Die weitere Auslegung versucht das Problem der Fristigkeit möglichst realitätsnah zu lösen, indem die Finanzierung des Anlagevermögens und der dauernd gebundenen Teile des Umlaufvermögens durch langfristiges Kapital (Eigen- und Fremdkapital) akzeptiert wird.
Verkürzt heißt das dann:
Vermögen und Kapital sind sachgerecht zu proportionieren.
c) *sonstige Regeln*
betreffen das Verhältnis von Umlaufvermögen und kurzfristigem Fremdkapital.

Die 2 : 1 Regel:

$$\frac{\text{Umlaufvermögen}}{\text{kurzfristiges Fremdkapital}} \geqslant 2$$

Die 1 : 1 Regel:

$$\frac{\text{Barbestände + Wechsel + kurzfr. Forderungen}}{\text{kurzfristige Verbindlichkeiten}} \geqslant 1$$

Die Finanzierungsregeln sind in der Literatur wiederholt sehr kritisch behandelt worden. Vor allem ist zu betonen, daß zwar statische Aussagen zur stichtagbezogenen Liquidität möglich sind, daß aber die Zahlungsfähigkeit nicht durch die Relationen der Finanzierungsregeln, sondern durch die Übereinstimmung von Einzahlungs- und Auszahlungsreihen gewährleistet wird, wenn man auch häufig ersteres unterstellt.

2.3.2 Die kurzfristigen Liquiditätsgrade

Man ermittelt diese Kennzahlen dadurch, daß man Zahlungsverpflichtungen und flüssige Mittel gegenüberstellt, wobei Vermögenspositionen von unterschiedlicher Geldnähe (near to money) einbezogen werden.

2.3.2.1 Liquidität 1. Grades

(Barliquidität, absolute liquidity ratio)

$$\text{Liquidität 1. Grades} = \frac{\text{Zahlungsmittel (= Kasse + Bank + Postscheck}}{\text{kurzfristige Verbindlichkeiten}}$$

2.3.2.2 Liquidität 2. Grades

(Net quick ratio, acid test)

$$\text{Liquidität 2. Grades} = \frac{\text{Umlaufvermögen − Vorräte − geleist. Anzahlg.}}{\text{kurzfristige Verbindlichkeiten}}$$

2.3.2.3 Liquidität dritten Grades

Current Ratio

$$\text{Liquidität 3. Grades} = \frac{\text{Umlaufvermögen − (Teile-Liquidation > 1 Jahr) − (Vorräte, die durch Kundenanzahlungen gedeckt sind)}}{\text{kurzfristige Verbindlichkeiten}}$$

In der Literatur werden teils nur 2 Liquiditätsgrade, teils aber mehr als drei unterschieden, je nach Abstufung des Umlaufvermögens.

Je größer der Wert der Kennzahl wird, desto günstiger ist die Liquidität. Eine hohe Liquidität steht aber im Zielkonflikt zur Rentabilität.

In der Praxis kommt der Liquidität 1. Grades nur eine geringe Bedeutung zu,
weil kurzfristige Engpässe meist durch die Kreditlinie des Kontokorrentkredits
ausgeglichen werden. Für die Liquidität 2. und 3. Grades werden Werte von $\geqslant 1$
bzw. $\geqslant 2$ gefordert, ebenso ist es bei acid test: one-to-one-rate, current ratio:
two-to-one-rate. Ein weiteres Kontrollinstrument der statischen Liquidität ist
die nach Liquiditätsgesichtspunkten umgeformte Jahresbilanz (siehe Abb. 7
Liquiditätsbilanz)

2.3.3 Das Working Capital

In der anglo-amerikanischen Analysepraxis ist das Working-Capital sehr beliebt.
Man versteht darunter den Teil des Umlaufvermögens, der nicht durch die kurzfristigen Verbindlichkeiten in Anspruch genommen wird, d.h. mittel- oder langfristig finanziert ist (Eigenkapital und langfristiges Fremdkapital)

Working Capital = Umlaufvermögen — kurzfr. Verbindlichkeiten

(siehe Abb. 27).

Das Working Capital ist der disponible Teil des Umlaufvermögens. Es soll un-
rhythmische Schwankungen des Finanzbedarfs auffangen und so die finanzwirtschaftliche Elastizität garantieren.

Aktiva	Passiva
Anlage-vermögen	Eigenkapital
	langfristiges Fremdkapital
Umlaufvermögen	} Working Capital
	kurzfristiges Fremdkapital

Abb. 27: Working Capital

2.3.4 Die Cash-Flow-Analyse

2.3.4.1 Begriffsinhalt

Der Cash-Flow wurde Anfang der fünfziger Jahre in den USA von Praktikern zur Aktienbewertung entwickelt und seit Anfang der sechziger Jahre mehr oder weniger vorbehaltslos im deutschsprachigen Raum übernommen, so daß man diesem Terminus auch in vielen deutschen Geschäftsberichten begegnet.

Die amerikanische Literatur rechnet Jahreserfolg und Abschreibungen zum Cash-Flow. In der deutschsprachigen Literatur gibt es zahlreiche Auffassungen. Viele Veröffentlichungen weisen auch auf die theoretischen Mängel hin, die sowohl im Aufbau wie in der Zielsetzung dieser Kennzahl liegen.

Der einfachste, bei allen Autoren festzustellende Begriffsinhalt umfaßt:
1. Jahresüberschuß
2. Abschreibungsgegenwerte
3. Zuführungen zu den langfristigen Rückstellungen
   (insbesondere Pensionsrückstellungen).

Der Cash-Flow ist daher der finanzwirtschaftliche Überschuß, d.h. der Teil aus dem Desinvestitionsprozeß, der nicht für die ausgabewirksamen Aufwendungen benötigt wird, sondern für die Finanzierung zur Verfügung steht (siehe Abbildung 28).

Bilanzgewinn
+ Zuführungen zu den Rücklagen
− Gewinnvortrag

= Jahresüberschuß
+ Abschreibungsgegenwerte
+ Zuführungen zu den langfristigen
  Rückstellungen (Pensionsrückstellungen)

= Cash-Flow

Abb. 28: Der Cash-Flow

2.3.4.2 Aufgaben

Der Cash-Flow soll Indikator sein für die
— Finanzkraft (finanzwirtschaftlicher Überschuß),
— Ertragskraft (erfolgswirtschaftlicher Überschuß).

Als *Kennzahl der Finanzkraft* zeigt er:
— die *Innenfinanzierungskraft,* d.h. die Mittel, welche die Kapitalstruktur verbessern und die finanzwirtschaftliche Anpassungsfähigkeit erhöhen;
— Die Schuldentilgungskraft und Kreditwürdigkeit z.B. $\dfrac{\text{Verbindlichkeiten}}{\text{Cash-Flow}}$

Bei der Kreditvergabe läßt sich damit prüfen, ob man von besonderen Sicherheiten absehen kann, weil ausreichende Erträge vorhanden sind, um die Verbindlichkeiten zu erfüllen. Dabei unterstellen wir aber, daß der Cash-Flow nur zur Ablösung der Kredite und nicht für andere Zwecke eingesetzt wird wie Gewinnausschüttung, Investitionen etc.

Als *Kennzahl der Ertragskraft* gilt der Cash-Flow, weil seine Aufwandpositionen alles enthalten, auch solche Posten, die aus Bewertungsmaßnahmen herrühren und denen in der Periode keine Ausgaben gegenüberstehen. Damit ist der Cash-Flow bilanzpolitisch weniger zu manipulieren als Gewinn u. Erfolg. Vergleicht man mehrere Rechnungsperioden, dann kann der Cash-Flow ein relativ guter Erfolgsindikator sein. Er bleibt aber stets vergangenheitsbezogen (retrospektiv) und ist mit dem tatsächlichen Gewinn nicht identisch.

2.3.4.3 Grenzen

Der Cash-Flow ist eine vergangenheitsbezogene Kennzahl, die nichts über die Finanzkraft aussagt, d.h. ob auch künftig die notwendigen Finanzmittel verfügbar sind.

Er baut auf den Daten des Jahresabschlusses auf und ist daher nur so genau, wie diese Daten.

Es wird rein rechnerisch ermittelt und gibt keine Auskunft über Bewegungen (Veränderungen). Er enthält keine stillen Reserven. Der Cash-Flow kann daher nicht die Schlüsselzahl der Analyse sein, er ist eine Kennzahl unter vielen.

3. Die Kapitalflußrechnung

3.1 Begriffsinhalt

Die Kapitalflußrechnung soll als Bewegungsrechnung Herkunft und Verwendung der finanziellen Mittel während einer Rechnungsperiode aufzeigen. Die traditionellen Rechenwerke – Bilanz sowie Gewinn- und Verlustrechnung – stellen dies nicht oder nur unvollständig dar.

Die Kapitalflußrechnung erfaßt Bestandsveränderungen.

3.2 Aufgaben

Die Kapitalflußrechnung kann intern wie extern, vergangenheits- wie zukunftsbezogen aufgestellt werden.

Sie gibt Auskunft über folgende Bereiche

a) *Finanzierung*
   einschließlich der Umfinanzierung und der Kapitalrückzahlung (Definanzierung);
b) *Investition*
   einschließlich der Änderung von Investitionen (Uminvestitionen) und der Kapitalfreisetzung (Desinvestitionen);
c) *Geldbestände*
   insbesondere Herkunft und Verbrauch der liquiden Mittel.

3.3 Die Beständedifferenzbilanz

Die einfachste Form einer Kapitalflußrechnung ist die Beständedifferenzbilanz. Sie baut auf dem Vergleich zweier aufeinanderfolgender Stichtagsbilanzen auf. Positive Werte bedeuten Bestandsmehrungen, negative Werte sind Bestandsminderungen (siehe Abbildung 29).

Aktiva	1986	1987	Salden	Passiva	1986	1987	Salden
Anlagevermögen				Grundkapital			
−				−			
−				−			
−				−			
Umlaufvermögen				Rückstellungen			
−				−			
−				Verbindlichkeiten			
−				−			
−				−			
−				−			
−				−			
Summe				Summe			

Abb. 29: Beständedifferenzbilanz

3.4 Die Bewegungsbilanz

Die Bewegungsbilanz weist auf der Aktivseite die Mittelverwendung und auf der Passivseite die Mittelherkunft nach. Dabei gilt folgende Gleichung:

> **Aktivzunahme** + **Passivabnahme**
> =
> **Passivzunahme** + **Aktivabnahme**

(siehe Abb.: 30)

Die *Mittelherkunft* zeigt alle Nettofinanzierungsmittel wie:
- Gewinn,
- Rücklagenerhöhung,
- Rückstellungserhöhung,   =   Innenfinanzierung
- Abschreibungsgegenwerte,
- Vermögensliquidation,

151

- Einlagenerhöhung,
- Kreditaufnahme. $\Big\}$ = Außenfinanzierung

Die *Mittelverwendung* zeigt alle Vermögenspositionen, bei denen Mittel zugeflossen sind wie:
- Anlagenzunahme,
- Zunahme des Umlaufvermögens einschließlich der Kassenbestände,
- Auflösung der Rückstellungen,
- Kapitalrückzahlung,
- Gewinnausschüttung/Gewinnentnahmen.

Die Bewegungsbilanz ist ein Totalmodell, das den gesamten finanzwirtschaftlichen Kreislauf umfaßt.

Damit geht die Bewegungsbilanz über den Rahmen des Cash-Flow hinaus, der nur ein Teilmodell ist.

Die Bewegungsbilanz ist die in Deutschland älteste und auch in der Praxis gebräuchlichste Form der Kapitalflußrechnung. Sie stellt den Kapitalfluß aber nur unvollkommen dar. Die Bruttoinvestitionen im Anlagevermögen und die Gewinnausschüttungen sowie die Bewegungen des langfristigen Kapitals werden nicht deutlich. Aus diesen Gründen wird die Bauersche Bewegungsbilanz um diese Positionen ergänzt.

Mittelverwendung	Mittelherkunft
Aktivzunahme	Passivzunahme
Passivabnahme	Aktivabnahme

Abb. 30: Struktur der Bewegungsbilanz

Eine vollständige Kapitalflußrechnung beginnt gewöhnlich mit den Umsatzerlösen, denen die Abflüsse aufgrund der laufenden Geschäfte gegenüberstehen.

3.5 Die Fonds

Die Weiterentwicklung der Bewegungsbilanz verlangt eine sinnvolle Gliederung der Bestandsveränderungen. Verwandte Aktiva werden mit den zugehörigen Passiva zu einem Fond zusammengefaßt.

z.B. *flüssige Mittel:*
Bargeld, Postscheck, Bankguthaben (Sichteinlagen), leicht verwertbare Wertpapiere abzüglich der kurzfristigen Bankvorschüsse (overdrafts);

Reinumlaufsvermögen:
flüssige Mittel + Material- und Warenvorräte + kurzfristige Forderungen ./. kurzfristige Verbindlichkeiten + transistorische Posten (Aktiva und Passiva).

Die Zu- und Abnahme dieser Fonds wird im Liquiditätsentwicklungsnachweis so berechnet:

**Fondszunahme = (Aktivzunahme + Passivabnahme)
— (Passivzunahme + Aktivabnahme)**

3.6 Finanzierungs-, Investierungs- und Geldbewegungsrechnung

Das Ziel dieser Rechnung ist es, Wachstum und Schwinden des Gesamtkapitals darzustellen. Zuerst wird die Beschaffung und dann die Verwendung der Mittel gezeigt. Anschließend werden die Veränderungen berechnet (siehe Abb. 31).

Beschaffung	Verwendung
Selbstfinanzierung	*Änderung der Zahlungsmittelversorgung*
— Reingewinn abzügl. Erträge auf Passiva abzügl. Aufwand auf Aktiva	— Geldzugang ./. Geldabgang
— Ertrag auf Aktiva ./. Aufwand	
Nettoeinlagenfinanzierung	*Nettoinvestitionen*
— Einlagen ./. Rückzahlungen — Tauschgeschäfte	Investitionen ./. Desinvestitionen
Änderung der Passivensumme	Änderung der Aktivensumme

Abb. 31: Beispiel einer Geldbewegungsrechnung

3.7 Bewertung

Die Ergänzung des Jahresabschlusses um die Kapitalflußrechnung ist eine logische Weiterentwicklung der Rechnungslegung. Hierdurch ist auch der umfassende Nachweis der Transaktionen gelungen, weil die bedeutsamen erfolgsunwirksamen Umsätze ausgewiesen werden.

Wiederholungsfragen zu D (Finanzkontrolle)

1. Was versteht man unter Working Capital?

2. Was versteht man unter Cash-Flow und wie wird er berechnet (Grundelemente)?

3. Zu welchen Analyseaussagen wird der Cash-Flow herangezogen?

4. Worin liegen die wesentlichen Unterschiede zwischen einer Beständedifferenzbilanz und einer Bewegungsbilanz?

5. Was ist ein finanzwirtschaftlicher Fond?

Teil E:
Die Finanzorganisation

Zur Durchführung der finanzwirtschaftlichen Aufgaben muß eine Struktur geschaffen werden, innerhalb der Menschen, Sachmittel und Ideen zusammenwirken. In der Bundesrepublik ist das Organisationsschema des Finanzmanagements recht unterschiedlich.

1. Das Finanzmanagement

Unter Finanzmanagement versteht man sowohl eine Funktion als auch eine Institution.

Die *Funktion* umfaßt alle Aktivitäten, um die Liquidität zu erhalten.

Die *Institution* ist die hierarchische Einordnung und Zusammenfassung aller Instanzen und Stellen, denen die Liquiditätssicherung obliegt.

2. Die organisatorische Zentralisation der Finanzaufgaben

Da es nur eine Liquidität gibt, ist die organisatorische Konsequenz eine Zentralisierung des Finanzmanagements. Nach betrieblicher Erfahrung ist nur eine zentrale Instanz in der Lage, die Liquidität zu erhalten. Neben diesem gesamtbetrieblichen Phänomen spricht für die Zentralisation, daß finanzwirtschaftliche Aufgaben eine spezifische Denkweise in Zahlungsgrößen erfordern. Daher sollte den treibenden, auf Erfolg ausgerichteten Bereichen Produktion und Absatz, das zur Vorsicht neigende Finanzmanagement entgegengesetzt werden.

Häufig beschäftigt sich ein Mitglied der Unternehmensleitung bzw. des Vorstands mit dem Finanzmanagement, wobei diese Stelle Repräsentations- und Konfliktregelungsfunktionen innerhalb des Vorstands sowie Führungsfunktionen hat, d.h. dieses Vorstandsmitglied formuliert die Handlungsziele für die nachgeordneten Instanzen.

Dem Finanzvorstand ist der Leiter des Bereichs Finanzen (Finanzdirektor) bzw. des Bereichs Finanz- und Rechnungswesen direkt nachgeordnet.

Häufig wird *verrichtungsorientiert* zusammengefaßt. Die Funktion des Finanzmanagement ist hier die alleinige Haupt- oder Nebenaufgabe einer Instanz. Reine Finanzabteilungen haben meist nur Großbetriebe. In Klein- und Mittelbetrieben wird das Finanzmanagement als Nebenaufgabe wahrgenommen (Abb. 32).

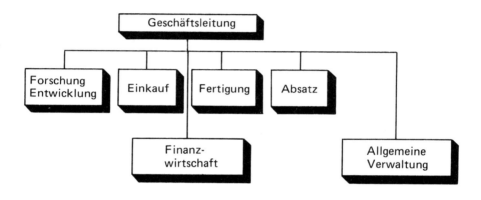

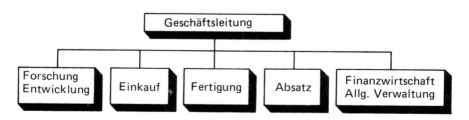

Abb. 32: Verrichtungsorientierte Zentralisation

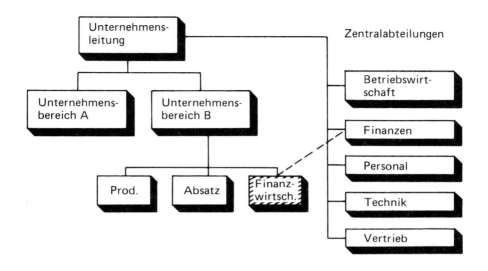

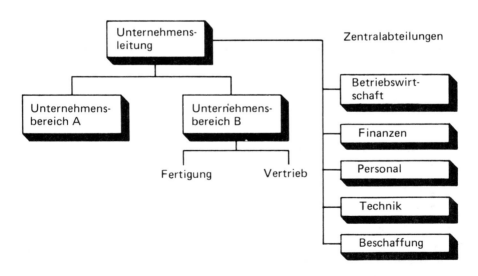

Abb. 33: Objektorientierte Zentralisation

Bei der *objektorientierten* Zentralisation wird
a) sowohl im Objektbereich (Unternehmensbereich) wie im Zentralbereich
zusammengefaßt.
In der divisionalen Organisation hat die Zentralabteilung Finanzen (Finanzwirtschaft) eine doppelte Aufgabe. Sie berät die Objektbereiche (Sparten, Pro-
duktbereiche, Divisionen, Unternehmensbereiche) und deren Instanz „Finanzen"
und unterstützt die Unternehmensleitung bei der Verwirklichung der Geschäftspolitik.

b) Ausschließliche Zusammenfassung in einem Zentralbereich
Häufig werden bestimmte Funktionen gänzlich zentralisiert. Die Objektbereiche
haben dort Entscheidungsfreiheit, wo keine Zentralisation stattgefunden hat.
Beispiel für beide Varianten zeigt die Abbildung 33.

3. Koordinationsprobleme

Nominal- und Realgüterströme sind vielfältig miteinander verbunden. Das
Finanzmanagement muß mit allen betrieblichen Bereichen zusammenarbeiten,
insbesondere mit der Beschaffung der Fertigung, dem Absatz und dem Rechnungswesen.

Dies Finanzmanagement hat erst dann die richtige Stellung in der Organisation, wenn die verschiedenen Bereiche auf Daten und Weisungen des Finanzbereiches warten oder Arbeiten und Untersuchungen des Finanzbereiches an-
regen. Dies führt zu Koordinationsproblemen, die in der Praxis unterschiedlich gelöst werden.

3.1 Einheitliche Leitung

Eine einheitliche Leitung wird dann verwirklicht, wenn damit entscheidende
Koordinationsvorteile verbunden sind.

Dies trifft meist zu, wenn nicht mehr als zwei Bereiche betroffen sind, z.B.
Finanz- und Rechnungswesen unter einer Leitung. Diese Lösung ist in Klein- und
Mittelbetrieben anzutreffen. Es können auch weitere Aufgaben hinzukommen,
wie Organisation und allgemeine Verwaltung.

3.2 Bildung von Ausschüssen

Sind mehr als zwei Bereiche beteiligt, werden Koordinationsausschüsse gebildet. Dies empfiehlt sich vor allem bei der Divisionsgliederung. Je nach Intensität der anfallenden Probleme und Aufgaben ist dieser Ausschuß ständig oder nur fallweise eingesetzt (Abb. 34).

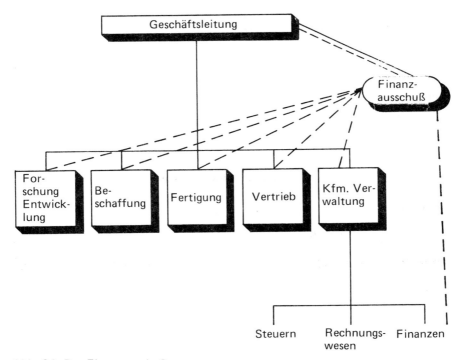

Abb. 34: Der Finanzauschuß

3.3 Budgetierung

Durch die Erstellung von Budgets wird der finanzwirtschaftliche Entscheidungsrahmen für alle Bereiche von vornherein festgelegt. Die Abstimmung erfolgt bereits in der Planungsphase.

3.4 Programmierung von Abläufen

Die Abstimmung wird auch dadurch erzielt, daß man detaillierte Ausführungs-
bestimmungen erläßt, standardisierte Formblätter verwendet und die Abläufe
auf diese Weise weitgehend programmiert.

4. Neuere Organisationsformen

Die Finanzorganisation in den USA ist durch die Instanzen Controller und Treasurer gekennzeichnet. Diese Struktur wird in jüngster Zeit auch von deutschen
Großunternehmen übernommen.

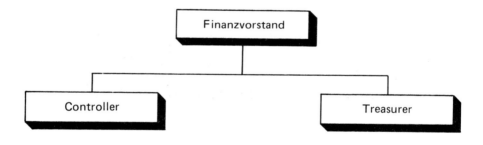

4.1 Der Controller

war ursprünglich Leiter des Rechnungswesens, heute wird ihm die Rechnungsverantwortung der gesamten Betriebswirtschaft übertragen. Seine Aufgaben sind
daher:
- finanzwirtschaftliches Informations- und Berichtswesen insbesondere zur
  Liquidität, Finanzplanung, Kapitalbindung;
- Koordination, insbesondere Beschaffung und Koordination der Basisinfor-
  mationen zur Finanzplanung aus den betrieblichen Teilbereichen;
- Kontrolle, insbesondere Feststellung der Kontrollergebnisse und Auswer-
  tung der Planabweichungen.

Manchmal werden dem Controller zusätzlich alle Aufgaben der Rechnungslegung, Planung und Kontrolle auch im nichtfinanzwirtschaftlichen Bereich übertragen (gesamte Rechnungsverantwortung).

4.2 Der Treasurer

war ursprünglich der Finanzleiter und daher für die finanzwirtschaftlichen Aktivitäten und Rechnungen zuständig. Gegenwärtig hat er die Realisationsverantwortung innerhalb des Finanzmanagements.

Sie umfaßt:

(1) Lenkung der Zahlungsströme im Rahmen der täglichen Finanzdispositionen
(2) Die Durchführung der Innen- und Außenfinanzierung einschließlich der Effektenemission — soweit nicht der Geschäftsleitung vorbehalten — und der aktiven Finanzierung.
(3) Finanzdispositionen insbesondere Anlage freigesetzter Mittel, Wechseldispositionen, Haltung von Liquiditätsreserven.
(4) Zahlungsmittelverwertung einschließlich Inkasso- und Mahnwesen.

Für den Finanzvorstand hat der Treasurer außerdem die Stabsfunktion der Beratung, Informationssammlung und Entscheidungsvorbereitung.

Oft wird der Arbeitsbereich des Treasurer durch Einbeziehen von Verwaltungsfunktionen erweitert (Versicherungen, Beteiligungen, Unterstützungskassen, Haus- und Grundstücksverwaltung etc.).

5. Der Finanzstab

Dem Finanzvorstand bzw. dem Finanzdirektor sind gelegentlich Finanzstäbe unterstellt, so z.B. für Finanzverkehr, Rechnungswesen, Steuern, Budgetierung, Management-Informationen, Kostenkontrollen.

Besonders hervorzuheben ist der Finanzplanungsstab des zentralen Finanzbereichs. Er nimmt häufig noch andere Planungsfunktionen wahr so z.B. Investitionsplanung und Erfolgsplanung.

161

Teil F:
Die finanzwirtschaftliche Modelltheorie

1. Gegenstand

Wie jede Theorie abstrahiert auch die Theorie der betrieblichen Finanzwirtschaft und setzt damit Modelldenken voraus.

Die Theorie der Finanzierungsformen und Finanzierungsanlässe ist eine empirisch-realistische Theorie. Sie abstrahiert vom Allgemeinen und beschränkt sich auf die Beschreibung der Besonderheiten der Bedürfnisse von Kapitalgebern und Kapitalnehmern. Anschließend sucht sie nach der geeignetsten Finanzierungsform für den konkreten Einzelfall.

Die *Modelltheorie* versucht dagegen nur einzelne Arten, Eigenschaften und Möglichkeiten der Finanzierung zu betrachten. Hauptaugenmerk ist die jeweilige spezielle, finanzwirtschaftliche Situation.

Die finanzwirtschaftliche Modelltheorie versteht sich hierbei als konsequente Weiterentwicklung der Finanzierungstheorie zu einer umfassenden Kapitaltheorie.

Die gegenwärtige *Kapitaltheorie* befaßt sich vor allem mit der Definition der optimalen Kapitalstruktur. Dabei verknüpft sie Investitions- und Finanzierungslehre.

Dies ist insofern auch plausibel, da Finanzierungsmittel dann nachgefragt werden, wenn das optimale Investitionsprogramm ermittelt ist. Die Interdependenz zwischen der Nachfrage nach Investitionsobjekten und nach Finanzierungsmittel ist nahezu unlösbar. Daher kann ein Optimum auch nur simultan bestimmt werden. Die Kapitaltheorie entwickelt meist programmierbare Modelle, bei deren Verknüpfung folgende Faktoren berücksichtigt sind:
— Unsicherheit,
— Kapitalkosten,
— Auswirkung der Besteuerung,
— gegenwärtige Kapitalstruktur,
— Liquidität,
— Rentabilität.

162

2. Grenzen

Das Hauptproblem aller kapitaltheoretischen Modelle ist die Vernachlässigung der Frage, für wen denn ein Optimim abgeleitet werden soll.

Als Zielfunktionen werden erörtert:
- die *Maximierung des Kapitalwertes*
  und
- die *Interessenlagen der Beteiligten.*

Gerade der letzte Punkt zeigt, daß die beteiligten Wirtschaftssubjekte z.b. (potentielle) Kreditgeber, Lieferanten, Eigentümer, Arbeitnehmer, Kunden sehr voneinander abweichende Interessen verfolgen. Aus dieser unterschiedlichen Interessenlage ergeben sich unterschiedliche Optima.

Darüber hinaus ist es umstritten, ob wertfreie Aussagen über ein Optimum überhaupt möglich sind. Jedes Optimum ist auf eine Zielfunktion bezogen, in der wieder Interessen zum Ausdruck kommen. Sehr umstritten in den Modellen ist auch die Tatsache, wie man qualitative Größen wie Risikobereitschaft, Macht- und Unabhängigkeitsstreben quantifiziert.

Wegen der noch immer unbeantworteten Fragen sind die Modelle für die Praxis kaum relevant.

Die künftige Entwicklung zielt darauf ab, das mathematische Instrumentarium und die Möglichkeiten der EDV besser zu nutzen und die wirklichkeitsfremden Präsmissen der Modelle spürbar abzubauen.

Teil G:
Die betriebliche Finanzpolitik

1. Begriff

Die Maßnahmen der betrieblichen Finanzpolitik lassen sich in drei Gruppen zusammenfassen:
a) Bereitstellen der Finanzierungsmittel für die Investitionen;
b) Bereitstellen des Haftungskapitals;
c) Bereitstellen der liquiden Mittel.

In der Praxis ist die betriebliche Finanzpolitik sowohl Teil der betrieblichen Gesamtplanung als auch Ergebnis einer wechselseitigen Abstimmung.

2. Aufgaben

2.1 Bereitstellen der Finanzierungsmittel

Gegenstand der Überlegungen ist der gesamte Investitionsbedarf. Seine Schätzung ist in der Praxis meist problemlos, weil ausreichende Informationen vorliegen.

Probleme wirft hingegen der Betriebsmittelbedarf auf. Dies gilt besonders, wenn die Investitionen neue Märkte erschließen bzw. zu größeren Marktanteilen führen. Hier sind dann plötzlich überhöhte Vorratsbestände und Forderungen zu finanzieren, die in der Höhe natürlich nicht eingeplant waren. Weil die langfristigen Mittel nicht ausreichen, muß nachfinanziert werden. Grundsätzlich gilt, daß die Finanzierungsmittel auf Dauer zur Verfügung stehen sollen. Diese Dauerhaftigkeit kann auch dann gewährleistet werden, wenn man bei der Finanzierung den Geldanschluß sichern kann. Ist dies garantiert, dann werden sogar langfristige Investitionen durch kurzfristige, revolvierende Mittel finanziert.

Der erfolgreiche Geldanschluß hängt vom Nachweis der Bonität bei den Gläubigern ab. Sie wird durch das Einhalten bestimmter Finanzierungsregeln und durch Rentabilitätskennzeichen nachgewiesen. Zahlungsfähig und damit kreditwürdig ist, wer dauernd aus Umsatzgewinnen Zahlungsmittel erhält. Je glaubwürdiger man ein rentables Programm darlegen kann, desto leichter ist es, revolvierend zu finanzieren. Die Kapitalgeber sind hier bereit, neue Kredite zu gewähren bzw. alte Kredite zu prolongieren.

2.2 Bereitstellung von Haftungskapital

Es gibt zahlreiche Vorstellungen über den ausreichenden Anteil von Eigenkapital d.h. haftendem Kapital am Gesamtkapital. Der Verschuldgungsgrad ist nur eines und zwar ein unvollkommenes Kriterium. Selbst ein Vergleich des eigenen Verschuldungsgrades mit Kennzahlen anderer Betriebe oder mit dem Branchendurchschnitt ist unbefriedigend, weil sich Schlechte mit noch Schlechteren vergleichen und dann stolz auf ihre (unzureichenden) Ergebnisse sind.

Der Nachweis ausreichenden Haftungskapitals ist eine Bonitätsforderung. Die Praxis zeigt aber, daß die Anforderungen ständig sinken.

Die Finanzleitung hat zu bestimmen, wieviel vom Gewinn auszuschütten und wieviel einzubehalten ist. Sie muß Volumen, Bedingungen und Termine einer Haftungskapitalbeschaffung festlegen.

2.3 Bereitstellung von liquiden Mitteln

Hier umfassen die Maßnahmen sowohl die Gelddisposition als auch die Liquiditätspolitik.

Während *die Gelddispositionen* eher ein technisches Problem sind, z.B. der Disponent versucht, Auszahlungsüberschüsse billigst zu finanzieren und Einzahlungsüberschüsse günstigst anzulegen, ist der Kernpunkt der *Liquiditätspolitik* die Sicherung der Zahlungsfähigkeit. Ihr dient die Prognose der Zahlungstermine ebenso wie die Planung finanzieller Anpassungsmaßnahmen; z.B. offene Kreditlinien, Pflege des Finanzierungsspielraums, d.h. alle Maßnahmen, die eine „erste Adresse" ausmachen, wie Informationspolitik (financial public relations), gutes Management, finanzielle Solidität (Haftungskapital, Gewinnerwartungen), Zusammenarbeit mit der Hausbank.

3 Finanzierungsstile

Die Finanzierungsstile sind Grundmuster finanzpolitischen Verhaltens. Wir unterscheiden hierbei.

- *Die Politik des weiten Ärmels* zeigt sich, wenn in den Bilanzen auffallende Bestände an liquiden Mitteln im Umlaufvermögen und Finanzreserven im Anlagevermögen festzustellen sind;
- *Die Politik des engen Ärmels* hält das Vermögen eng an der Grenze dessen, was unbedingt benötigt wird.
- *Der diversifizierende Stil* arbeitet mit der Mischfinanzierung, während
- *der Klare-Konturen-Stil* größere, bewährte Engagements bevorzugt. Die Kreditlinien sind hier beträchtlich, aber zum größten Teil immer offen.
- *Der Finanzierungsstil des langfristigen Überhangs* pflegt neben einem hohen Eigenkapitalanteil die langfristigen Emissionen und Darlehensaufnahmen.
- *Der Stil des revolvierend kurzfristigen Überhangs* sucht die kurzfristigen Kreditlinien möglichst zu erweitern. Er schätzt die Anpassungsfähigkeit solcher Kreditinstrumente so hoch ein, daß er gewisse Nachteile wie Zinsnachteile und ein schlechtes Bilanzbild in Kauf nimmt.
- *Der Kapitalaufnahmetyp* versucht durch merklich überdurchschnittliche Gewinnausschüttungen den Markt für Emissionen vorzubereiten.
- *Der Selbstfinanzierungstyp* thesauriert möglichst viel vom Gewinn, um den Eigenkapitalanteil zu erhöhen und damit die Haftungsbasis zu verbreitern.

166

Anhang

Beantwortung der Wiederholungsfragen

Zu A Grundlagen der betrieblichen Finanzwirtschaft

1. Die Betriebliche Finanzwirtschaft umfaßt alle Entscheidungstatbestände, die einen geldlichen Aspekt aufweisen.

2. Vgl. S. 21;

3. Hauptziel ist das Streben nach Ausgleich von Kapitalbedarf und -deckung bei Beachtung von Rentabilität, Sicherheit, Liquidität, Unabhängigkeit.

4. Aus Rentabilitätsgründen sollen Liquiditätsreserven so klein wie möglich gehalten werden, um das Zahlungsrisiko zu mindern sollten die Reserven ausreichend hoch sein, obwohl dadurch Kosten verursacht werden.

5. Die absolute Liquidität wird durch die Nähe zum Geldstadium bestimmt, d.h. der Stand der Ausreifung des Gutes.

6. Nach dem augenblicklichen Verkaufswert.

7. Vgl. S. 24–25;

8. Der klassische Finanzierungsbegriff geht von der Bilanz aus und versteht unter Finanzierung die Ausstattung mit Kapital (Passivseite der Bilanz).
   Der entscheidungsorientierte Finanzierungsbegriff bezieht sich auf die Steuerung der Zahlungsströme.

Zu B Finanzplanung

1. Ziel der Finanzplanung ist es, zu festgelegten Zeitpunkten die erforderliche Zahlungsfähigkeit sicherzustellen.

2. Hauptaufgaben der Finanzplanung:
   - die Ermittlung des quantitativen und qualitativen Kapitalbedarfs;
   - die Planung der quantitativen und qualitativen Kapitalbeschaffung;
   - der rationelle Einsatz vorhandener Zahlungsmittel.

3. Siehe S. 39—41;

4. Siehe S. 37—38;

5. Prozeßdauer, Fertigungsweise, Betriebsgröße.

6. Je höher der Kapitalumschlag ist, desto geringer ist der Kapitalbedarf.

7. Je höher der Lagerumschlag desto geringer ist die Lagerdauer.

8. Vgl. S. 44—45;

9. Vgl. S. 46, Abb. 9;

10. Bilanz, Gewinn- und Verlustrechnung, betriebliche Teilpläne.

11. Gleitende Finanzplanung wird dadurch praktiziert, daß nach Ablauf eines Monats derselbe Monat des nächsten Jahres geplant wird.

12. Der Liquiditätsstatus zeigt für den jeweiligen Stichtag die verfügbaren Zahlungsmittel,
    die voraussichtlichen Geldeingänge
    die voraussichtlichen Geldausgänge und die
    sofort verfügbaren Kredite.
    Es ist ein aktueller Wert ohne Planungscharakter.

13. Anlage der langfristigen Überschüsse im Anlagevermögen (Sach- und Finanzlagen) und in der Vorratshaltung.
    Kurzfristige Anlage der überschüssigen Zahlungskraft am Geldmarkt, Skontogewährung, Skontoinanspruchnahme, Anzahlungsleistung, Abbau von Krediten.

14. Ausgaben senken oder zeitlich verzögern, Einnahmen erhöhen oder zeitlich beschleunigen.

15. Elastische Gestaltung der Planung,
    Erstellen von Altenrativplänen,
    Einrechnen von Sicherheitsspannen.

Lösung der Übung 1: Lagerumschlag

a) $\dfrac{360}{6} = 60$ Tage

b) durchschnittlicher Lagerbestand =

$= \dfrac{\text{Lagerumsatz}}{\text{Lagerumschlagskoeffizient}}$

$= \dfrac{24\,000\,000}{6} = 4\,000\,000$

c) Lagerumschlagskoeffizient =

$= \dfrac{360}{\text{durchschnittliche Lagerdauer in Tagen}}$

$= \dfrac{360}{45} = 8$

d) Formel siehe b)

$= \dfrac{24\,000\,000}{8} = 3\,000\,000$

Verringerung des Kapitalbedarfs durch Erhöhung des Lagerumschlags.

Lösung der Übung 2: Debitorenumschlag

a) durchschnittlicher Debitorenbestand =

$$= \frac{\text{Zielverkauf}}{\text{Debitorenumschlagskoeffizient}}$$

$$= \frac{90\,000}{\dfrac{360}{60}} = \frac{90\,000}{6} = 15\,000$$

b)
$$= \frac{90\,000}{\dfrac{360}{40}} = \frac{90\,000}{9} = 10\,000$$

Zu C 1 (Übersicht und Bedeutung der Kapitalquellen) und C 2 (Finanzmärkte)

1. Vgl. Abb. 13

2. Geschäftsbanken, Versicherungen, Finanzierungsgesellschaften, Finanzmakler, Geschäftsfreunde, Arbeitnehmer, öffentliche Hand, Eigentümer und Interessenten.

3. Die Lebensversicherungen verfügen über zahlreiche langfristige Mittel aufgrund der Prämieneingänge. Sie sind daher als langfristige Kapitalgeber tätig. Die Sachversicherungen legen ihre Liquiditätsüberschüsse lediglich kurzfristig an.

4. Sparkassen, Landesbanken und Spezialkreditinstitute (z.B. Kreditanstalt für Wiederaufbau etc.).

5. Belegschaftsaktien, Investivlohn, Personalobligationen.

6. Geldmarkt = Markt für kurzfristige Anlagen
   Kapitalmarkt = Markt für langfristige Anlagen.

7. Tagesgeld, tägliches Geld, Termingelder, Geldmarktpapiere.

8. Der Euro-Dollar ist keine eigene Währung, sondern die Bezeichnung für auf US $ lautende Gelder, die in Europa gehandelt werden.

Zu C 3.1 Beteiligungsfinanzierung

1. Die Beteiligung kann mit einer Geld- oder einer Sacheinlage erfolgen.

2. Kapitalgeber erhält Eigentumsrechte, ist am Gewinn, Verlust und Liquidationserlös beteiligt, Kapital haftet für Verbindlichkeiten, bringt keine feste Liquiditätsbelastung und ist meist langfristig zur Verfügung gestellt.

3. Kann seine Einlage als Gläubiger zurückfordern.

4. Bei der OHG haftet der Gesellschafter unbeschränkt und gesamtschuldnerisch. Bei der KG haftet der Komplementär unbeschränkt, der Kommanditist nur mit seiner Einlage.

5. Kapitalerhöhung gegen Einlagen (ordentliche, bedingte, genehmigte Kapitalerhöhung); Kapitalerhöhung aus Gesellschaftsmitteln.

6. Gleiches Stimmrecht auf der Hauptversammlung, gleicher Anteil am Gewinn und am Liquidationserlös.

7. Die Ermächtigung des Vorstandes gilt längstens für 5 Jahre und für höchstens 50 % des bisherigen Grundkapitals.

8. Nein. Die gesetzlichen Rücklagen, d.h. 10 % oder ein durch die Satzung bestimmter höherer Teil des Grundkapitals darf nicht beeinträchtigt werden.

9. Grundkapital und Rücklagen.

10. Das Bezugsrecht wird den alten Aktionären gewährt, damit sie junge Aktien entsprechend ihrem bisherigen Kapitalanteil erwerben können.

11. Selbstemission, Fremdemission.

12. Ordentliche Kapitalherabsetzung, vereinfachte Kapitalherabsetzung, Kapitalherabsetzung durch Einziehung von Aktien.

Zu C 3.2.1 Kreditsicherheiten

1. Generelle Vorteile:
   Keine Machtverlagerung, keine Mitsprachrechte, keine besonderen Informationsrechte, Zinsen steuerlich absetzbar, keine Gewinnbeteiligung, Kredit kann Bedarf ggf. leicht angepaßt werden.
   Generelle Nachteile:
   feste Liquiditätsbelastung, Kündigungsmöglichkeiten, Sicherheitsleistung, Zweckbindung.

2. Immobilien (Grundstücke, Gebäude)
   Mobilien (Maschinen, Vorräte etc.) und Rechte (Forderungen, Patente etc.).

3. Durch die Bürgschaft wird eine persönliche Sicherheit verstärkt. Der Gläubiger kann bei Bedarf auf den Bürgen zurückgreifen.

4. Bei einem Pfandrecht geht die verpfändete Sache in den Besitz des Gläubigers über.

5. Weil durch den Besitzübergang bei der Verpfändung die wirtschaftliche Situation des Schuldners erheblich eingeschränkt wird.

6. Verkehrshypothek.

**Zu C 3.2.2 Kreditfristen und
C 3.2.3 kurzfristige Kreditfinanzierung**

1. Der Kontokorrentkredit hat formal eine Laufzeit von einem Jahr.

2. Sollzinsen, Umsatzprovision, Bereitstellungsprovision, Überziehungsprovision und Nebenkosten.

3. Die Banken können sich durch Weiterverkauf der zentralbankfähigen Wechsel an die Bundesbank refinanzieren. Bei Kontokorrentkrediten gibt es keine ähnliche Möglichkeit.

4. Der Betrag wird vor Fälligkeit ausgezahlt.

5. Der Kunde kann den akzeptierten Wechsel weitergeben auch an Gläubiger, die den Schuldner nicht kennen. Dies ist insbesondere im Außenhandel erforderlich.

6. Der Avalkredit ist eine Bürgschaft.

7. Sicherung eines Lieferantenkredits, Erlangung eines öffentlichen Auftrages, Stundung von Zöllen und Abgaben, Sicherung von Auszahlungen und Gewährleistungsansprüchen.

8. Rollende Ware = Ladeschein, schwimmende Ware Konnossament.

9. Der Diskontkredit ist Geldleihe, d.h. die Bank kauft den Wechsel vor Fälligkeit an, der Akzeptkredit ist Kreditleihe, d.h. die Bank leiht durch das Akzept ihre Kreditwürdigkeit für den Wechsel.

10. Der Lieferantenkredit ist ein relativ teures Finanzierungsinstrument. Kreditaufwendungen sind der Verzicht auf die Inanspruchnahme von Skonti.

11. Innerhalb der Skontofrist.

12. Eigentumsvorbehalt.

13. Investitionsgüterindustrie (Großmaschinenbau), Schiffsbau, Hochbau, weil umfangreiche Planungs- und Konstruktionsaufwendungen verbunden mit langen Produktionszeiten, hohem technischen Niveau, beträchtlichem Lieferwert und erheblichem Kapitalbedarf anfallen. Es sind üblich: 1/3 bei Auftragsabschluß, Rest in mehreren Raten je nach Baufortschritt.

14. Industrieclearing wird durchgeführt, um durch Ausschaltung der Banken unmittelbare Ertrags- bzw. Kostenvorteile zu erzielen.

15. Verkauf von Kundenforderungen aus Warenlieferungen und Dienstleistungen

16. Bei Finanzierungsfunktion ca. 4 1/2 % Zinsen über dem Diskontsatz. Bei Dienstleistungsfunktion ca. 0,3 − 2,0 % des Jahresumsatzes. Bei Delcrederefunktion ca. 0,2 − 4,0 % des Umsatzes. Dem Aufwand müssen die Einsparungen gegenübergestellt werden

17. Offene Form, stilles Verfahren, halboffene Form.

Zu C 3.2.4 langfristige Kreditfinanzierungsinstrumente

1. Der Deckungsstock ist ein Sondervermögen, das Versicherungen für die Deckung künftiger Verpflichtungen bilden müssen. Alle Kredite, die aus Mitteln des Deckungsstocks gewährt werden, unterliegen den strengen Auflagen des VAG.

2. Grundpfandrechte (erstrangig vollstreckbar).

3. Der Schuldner verpflichtet sich, das Vermögen nicht weiter zu belasten bzw. den Altgläubigern die gleichen Sicherheiten zu gewähren, wie den neuen Gläubigern.

4. Vorteile des Schuldscheindarlehens gegenüber der Anleihe:
   – keine behördliche Genehmigung
   – Kredit ist flexibel
   – schnelle und unkomplizierte Beschaffung
   – geringere Kosten
   – meist kürzere Laufzeiten
   – günstige Tilgungsmöglichkeiten
   Nachteile des Schuldscheindarlehens gegenüber der Anleihe:
   – begrenzte Aufnahmefähigkeit des Marktes
   – mangelnde Fungibilität
   – Anonymität (keine Werbewirkung wie bei erfolgreich plazierter Anleihe).

5. Kündigungsrecht für den Anleihegläubiger.

6. Kündigung der Verzinsung durch den Anleiheschuldner.

7. Vgl. S. 104;

8. Kein Börsenzulassungsverfahren, keine Emissionsgenehmigung, mündelsicher, deckungsstock- und lombardfähig, u.U. Steuervorteile.

9. Nach der wirtschaftlichen Zugehörigkeit zum Vermögen des Leasing-Gebers bzw. Leasing-Nehmers.

10. Der Franchise-Geber gewährt zahlreiche Finanzierungshilfen, z.B. Zentrale Werbung, Unterhaltung von Auslieferungslagern etc.

Zu C 4 Innenfinanzierung

1. Bei der Außenfinanzierung fließen Mittel von außen zu; bei der Innenfinazierung werden Mittel zur Verfügung gestellt, die aus dem laufenden Betriebsprozeß entstanden sind.
   Möglichkeiten der Innenfinanzierung:
   Gewinnthesaurierung, Abschreibungs- und Rückstellungsgegenwerte, Kapitalfreisetzungen z.B. Beschleunigung des Kapitalumschlags, Vermögensliquidation, Funktionsausgliederung.

2. a) Vorteile gegenüber Kreditfinanzierung
   – keine Zins- und Tilgungsbelastung

- flexible Preisgestaltung durch Zinsverzicht
- keine Zweckbindung
- Verstärkung des Haftungskapitals
- zinsloser Kredit durch Steuerverschiebung
- keine Sicherheiten zu bestellen

b) Vorteile gegenüber Beteiligungsfinanzierung
- keine Kapitalbeschaffungskosten
- Unabhängigkeit gegenüber Kreditgebern
- keine Zweckbindung
- keine Zinsen, keine Dividenden.

3. Durch Auflösung von Rücklagen wird keine zusätzliche Liquidität dem Betrieb zufließen. Es werden nur Bilanzpositionen ausgetauscht. Eine Liquiditätskrise kann nicht durch Auflösung von Rücklagen überwunden werden.

4. Bei langfristiger Rückstellung kann auch ein langfristiger Bodensatz gebildet werden.

5. Es bildet sich ein Bodensatz der freigesetzten Kapitalgegenwerte, die zusätzlich investiert werden können.

6. Beschleunigung verringert den Kapitalbedarf.

7. Um Verbindlichkeiten zu erfassen, die in der gegenwärtigen Rechnungsperiode verursacht wurden, aber erst in einem nachfolgenden Zeitraum zu begleichen sind.

**Zu C 5 Auslandsfinanzierung und
C 6 Außenhandelsfinanzierung**

1. Konvertibilitätsrisiko, Währungsrisiko, Bonitätsrisiko, Kündigungsrisiko.

2. Ein Auftrag eines Kunden an seine Bank aus seinem Guthaben eine bestimmte Geldsumme an einen Dritten zu bezahlen, wenn die gestellten Bedingungen erfüllt sind.

3. Siehe Abb. 26

4. Sie verbessern die Kreditwürdigkeit der Exporteure, d.h. ermöglichen die Beschaffung günstiger Kredite.

Zu D Finanzkontrolle

1. Working Capital ist der Teil des Umlaufvermögens, der mittel- oder langfristig finanziert ist.

2. Cash-Flow ist der finanzwirtschaftliche Überschuß, d.h. der Teil aus dem Desinvestitionsprozeß, der nicht für die ausgabewirksamen Aufwendungen benötigt wird und daher zur Finanzierung verfügbar ist.
   er wird errechnet:
   Bilanzgewinn
   + Zuführung zu den Rücklagen
   − Gewinnvortrag

   = Jahresüberschuß
   + Abschreibungsgegenwerte
   + Zuführungen zu den langfristigen Rückstellungen
   (insbesondere Pensionsrückstellungen)

   = Cash-Floh

3. Der Cash-Flow soll insbesondere die Innenfinanzierungskraft aufzeigen.

4. Die Beständedifferenzbilanz ist ein gliederungsgetreuer Vergleich zweier aufeinanderfolgender Bilanzen.
   Die Bewegungsbilanz ordnet die Bilanz nach finanzwirtschaftlichen Gesichtspunkten (Mittelherkunft − Mittelverwendung).

5. Ein Fonds ist die Zusammenfassung von verwandten Aktiva und zugehörigen Passiva zu einer Einheit, z.B. flüssige Mittel.

Literaturhinweise

Beyer, H.-T.: Finanzwirtschaft I (Grundstudium), Nürnberg 1973;
Beyer, H.-T., (Hrsg.):Finanzlexikon, München 1972;
Braunschweig, K.E.: Grundlagen der Unternehmungsfinanzierung, Wiesbaden 1977;
Büschgen, H.E.: Grundlagen der betrieblichen Finanzwirtschaft, Frankfurt/M. 1973;
Büschgen, (Hrsg.): Handwörterbuch der Finanzwirtschaft, Stuttgart 1976;
Busse v. Colbe, W.: Die Kapitalflußrechnung als Berichts- und Planungsinstrument, in:
    Schriften zur Unternehmensführung, Bd. 6, Wiesbaden 1968;
Cremer, C.: Grundfragen einer Theorie der optimalen Finanzierung, Berlin 1974;
Deutsch, P.: Grundfragen der Finanzierung, Wiesbaden 1967;
Enders, D.: Joint Ventures als Instrument internationaler Geschäftstätigkeit, in:
    Wirtschaftswissenschaftliches Studium, 16. Jg. (1987) H.8, S. 373 — 378;
Engelhardt, W., H. u. Seibert, K.: Internationale Joint Ventures, in: Zeitschrift
    für betriebswirtschaftliche Forschung, 33. Jg. (1981), Nr. 5, S. 428 —435;
Gutenberg, E.: Grundlagen der Betriebswirtschaftslehre Bd. 3, Die Finanzen, 5. Aufl.,
    Berlin-Heidelberg u.a. 1972;
Haberland, G. (Hrsg.): Handbuch des Controlling und Finanzmanagement, München 1975;
Härle, D.: Die Finanzierungsregeln und ihre Problematik, Wiesbaden 1961;
Hagenmüller, K.F. (Hrsg.): Leasing-Handbuch, Frankfurt/M. 1973;
Hahn, O. (Hrsg.): Handbuch der Unternehmensfinanzierung, München 1971;
Hahn, O.: Finanzwirtschaft, 2. Aufl., Landsberg 1983;
Hahn, O.: Allgemeine Betriebswirtschaftslehre, München 1990;
Hauschildt, J.: Organisation der finanziellen Unternehmensführung, Stuttgart 1970;
Heinen, E. (Hrsg.): Industriebetriebslehre, 7. Aufl., Wiesbaden 1981;
Hofmann, R.: Bilanzkennzahlen, 3. Aufl., Opladen 1973;
Jacob, H. (Hrsg.): Schriften zur Unternehmensführung, Bd. 6/7 Kapitaldisposition, Kapital-
    flußrechnung und Liquiditätspolitik, Wiesbaden 1968;
Janberg, H. (Hrsg.): Finanzierungshandbuch, 2. Aufl., Wiesbaden 1964;
Jahrmann, F.-U.: Finanzierung, 2. Aufl., Herne/Berlin 1992;
Juesten, W.: Cash-Flow und Unternehmensbeurteilung, 3. Aufl., Berlin 1975;
Käfer, K.: Praxis der Kapitalflußrechnung, Stuttgart 1969;
Lipfert, H.: Optimale Unternehmensfinanzierung, 3. Aufl., Frankfurt/M. 1969;
Matschke, M.: Finanzierung der Unternehmung, Herne/Berlin 1991;
Niebling, H.: Kurzfristige Finanzrechnung auf der Grundlage von Kosten- und Erlös-
    modellen, Wiesbaden 1973;
Oehler, D.: Finanz- und Rechnungswesen, München 1975;
Oettle, K.: Unternehmerische Finanzpolitik, Elemente einer Theorie der Finanzpolitik in-
    dustrieller Unternehmungen, Stuttgart 1966;
Olfert, K.: Finanzierung, 4. Aufl., Ludwigshafen 1983;
Perridon, L., Steiner, M.: Finanzwirtschaft der Unternehmung 4. Aufl., München 1986;
Ritterhausen, H.: Industrielle Finanzierungen, Wiesbaden 1964;
Radtke, M.: Die große betriebswirtschaftliche Formelsammlung, 3. Aufl., München 1969;
Rössle, W.: Die finanzielle Führung der Unternehmung, Opladen 1973;
Seibel, J.: Finanzmanagement, München 1970;

Sellien, H.: Finanzierung und Finanzplanung, Wiesbaden 1964;

Schneider, D.: Investition und Finanzierung, 5. Aufl., Opladen 1980;

Schwenkedel, St.: Management Buyout, Wiesbaden 1991;

Süchting, J.: Finanzmanagement, 5. Aufl., Wiesbaden 1989;

Swoboda, P.: Investition und Finanzierung, Göttingen 1971;

Töndury, H., und Gsell, E.: Finanzierungen, Zürich 1948;

Vormbaum, H.: Finanzierung der Betriebe, 8. Aufl., Wiesbaden 1990;

Witte, E., und Klein, H.: Finanzplanung der Unternehmung/Prognose und Disposition, Reinbek 1974;

Witte, E.: Die Finanzwirtschaft der Unternehmung. In: Jacob, H. (Hrsg.): Allgemeine Betriebswirtschaftslehre in Programmierter Form, 3. Aufl., Wiesbaden 1976;

Wöhe, G., und Bilstein, J.: Grundzüge der Unternehmensfinanzierung, 4. Aufl., München 1986.

Bemerkung:

Die Abbildungen 4 mit 7, 13 mit 16, 18, 19 sowie die Beispiele auf S. 11 und 28 basieren auf Bayer, Finanzwirtschaft I.

Sachregister